"中国企业社会责任报告编写指南(CASS-CSR3.0)"系列丛书的出版得到了下列单位的大力支持：

（排名不分先后）

中国南方电网

中国华电集团公司

华润（集团）有限公司

三星（中国）投资有限公司

中国企业社会责任报告编写指南(CASS-CSR3.0) 丛书
主　编：彭华岗
副主编：钟宏武　孙孝文　张　蒽

中国企业社会责任报告编写指南
之 家电制造业

中国社会科学院经济学部企业社会责任研究中心

钟宏武/顾问
孙孝文　王爱强　张闽湘　解一路/等著

社会责任报告
全生命周期管理指南

经济管理出版社

图书在版编目（CIP）数据

中国企业社会责任报告编写指南之家电制造业/孙孝文等著. —北京：经济管理出版社，2014.10
ISBN 978-7-5096-3447-9

Ⅰ.①中… Ⅱ.①孙… Ⅲ.①企业责任—社会责任—研究报告—写作—中国 ②日用电气器具—工业企业管理—社会责任—研究报告—写作—中国 Ⅳ.①F279.2 ②H152.3

中国版本图书馆 CIP 数据核字（2014）第 243985 号

组稿编辑：陈　力
责任编辑：陈　力
责任印制：司东翔

出版发行：经济管理出版社
　　　　　（北京市海淀区北蜂窝 8 号中雅大厦 A 座 11 层　100038）
网　　址：www.E-mp.com.cn
电　　话：（010）51915602
印　　刷：三河市延风印装厂
经　　销：新华书店
开　　本：720mm×1000mm/16
印　　张：13
字　　数：218 千字
版　　次：2014 年 10 月第 1 版　2014 年 10 月第 1 次印刷
书　　号：ISBN 978-7-5096-3447-9
定　　价：68.00 元

·版权所有　翻印必究·
凡购本社图书，如有印装错误，由本社读者服务部负责调换。
联系地址：北京阜外月坛北小街 2 号
电话：（010）68022974　　邮编：100836

《中国企业社会责任报告编写指南之家电制造业》专家组成员

顾　问：钟宏武（中国社会科学院经济学部企业社会责任研究中心主任）
组　长：孙孝文（中国社会科学院经济学部企业社会责任研究中心常务副主任）
　　　　王爱强（松下电器（中国）有限公司公共关系部 CSR 高级经理）
成　员：（按姓氏拼音排序）
　　　　陈爱琴（厦门建松电器有限公司制造支援部副经理）
　　　　陈冬庚（厦门建松电器有限公司总务环安部副经理）
　　　　陈木秀（厦门建松电器有限公司家电调理科技事业事业部长）
　　　　程多生（中国企业联合会企业创新工作部主任）
　　　　单惠德（LG 电子（中国）有限公司对外合作部总监）
　　　　范丽艳（松下电器（中国）有限公司家电营销公司综合 CS 中心系长）
　　　　高树煜（厦门建松电器有限公司家电调理科技事业经理）
　　　　高冬梅（LG 电子（中国）有限公司对外合作部主管）
　　　　洪神助（厦门建松电器有限公司总务环安部副经理）
　　　　黄文贤（厦门建松电器有限公司副总经理）
　　　　节　婧（松下电器（中国）有限公司公共关系部项目主管）
　　　　解一路（中国社会科学院经济学部企业社会责任研究中心咨询部部长）
　　　　金　英（中国三星社会责任事务局经理）
　　　　林永良（厦门建松电器有限公司家电调理科技事业副厂长）
　　　　刘凤荣（厦门建松电器有限公司人事部副经理）
　　　　施人恺（厦门建松电器有限公司人事总务环安中心经理）
　　　　孙贵峰（中国三星社会责任事务局总监）
　　　　汪　杰（中国社会科学院经济学部企业社会责任研究中心副主任）
　　　　王雅萍（厦门建松电器有限公司总务环安部副经理）

王娅郦（中国社会科学院经济学部企业社会责任研究中心咨询部部长）
小川雅美（松下电器（中国）有限公司公共关系部部长）
熊华俊（中国电子工业标准化技术协会社会责任工作委员会秘书长）
翟利峰（中国社会科学院经济学部企业社会责任研究中心主任助理）
张　蒽（中国社会科学院经济学部企业社会责任研究中心常务副主任）
张闽湘（中国社会科学院经济学部企业社会责任研究中心咨询师）
张明艳（松下电器（中国）有限公司公共关系部项目经理）
赵向东（松下电器（中国）有限公司环境推进部部长）
郑若娟（厦门大学经济学院副教授）
钟存德（厦门建松电器有限公司经营战略室经理）
钟桂荣（厦门建松电器有限公司工会主席）

开启报告价值管理新纪元

透明时代的到来要求企业履行社会责任，及时准确地向利益相关方披露履行社会责任的信息。目前，发布社会责任报告已日益成为越来越多的企业深化履行社会责任、积极与利益相关方沟通的载体和渠道，这对于企业充分阐释社会责任理念、展现社会责任形象、体现社会责任价值具有重要的意义。作为中国第一本社会责任报告编写指南，指南的发展见证了我国企业社会责任从"懵懂发展"到"战略思考"的发展历程。2009年12月，中国社会科学院经济学部企业社会责任研究中心发布了《中国企业社会责任报告编写指南（CASS-CSR1.0）》（简称《指南1.0》），当时很多企业对"什么是社会责任"、"什么是社会责任报告"、"社会责任报告应该包括哪些内容"还存在争议。所以《指南1.0》和2011年3月发布的《中国企业社会责任报告编写指南（CASS-CSR2.0）》（简称《指南2.0》）定位于"报告内容"，希望通过指南告诉使用者如何编写社会责任报告、社会责任报告应该披露哪些指标。指南的发布获得了企业的广泛认可和应用，2013年，参考指南编写社会责任报告的企业数量上升到了195家。

5年过去了，我国企业社会责任报告领域发生了深刻变革，企业社会责任报告的数量从2006年的32份发展到了2013年的1231份；报告编写质量明显提高，很多报告已经达到国际先进水平。同时，企业在对社会责任的内涵及社会责任报告的内容基本达成共识的基础上，开始思考如何发挥社会责任报告的综合价值，如何将社会责任工作向纵深推进。

为适应新时期新形势要求，进一步增强指南的国际性、行业性和工具性，中国社会科学院经济学部企业社会责任研究中心于2012年3月启动了《中国企业社会责任报告编写指南（CASS-CSR3.0）》（简称《指南3.0》）修编工作，在充分调研使用者意见和建议的基础上，对《指南3.0》进行了较大程度的创新。总体而言，与国内外其他社会责任倡议相比，《指南3.0》具有以下特点：

（1）首次提出社会责任报告"全生命周期管理"的概念。企业社会责任报告既是企业管理的工具，也是与外部利益相关方沟通的有效工具。《指南3.0》定位于通过对社会责任报告进行全生命周期的管理，充分发挥报告在加强利益相关方沟通、提升企业社会责任管理水平方面的作用，可以最大程度发挥报告的综合价值。

（2）编制过程更加科学。只有行业协会、企业积极参与到《指南3.0》的编写中，才能使《指南3.0》更好地反映中国企业社会责任实际情况。在《指南3.0》的修编过程中，为提升分行业指南的科学性和适用性，编委会采取"逐行业编制、逐行业发布"的模式，与行业代表性企业、行业协会进行合作，共同编制、发布分行业的编写指南，确保《指南3.0》的科学性和实用性。

（3）适用对象更加广泛。目前，我国更多的中小企业越来越重视社会责任工作，如何引导中小企业社会责任发展也是指南修编的重要使命。《指南3.0》对报告指标体系进行整理，同时为中小企业使用指南提供了更多的指导和依据。

（4）指标体系实质性更加突出。《指南3.0》在编写过程中对指标体系进行了大幅整理，在指标体系中更加注重企业的法律责任和本质责任，将更多的指标转变为扩展指标，更加注重指标的"实质性"。

《中国企业社会责任报告编写指南（CASS-CSR3.0)》是我国企业社会责任发展的又一重大事件，相信它的推出，必将有助于提高我国企业社会责任信息披露的质量，有助于发挥社会责任报告的综合价值，也必将开启社会责任报告价值管理新纪元！

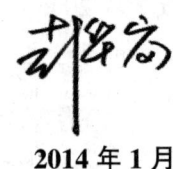

2014年1月

目 录

总论篇

第一章 家电制造业社会责任 ·················· 3
    一、家电制造业在国民经济中的地位 ·················· 3
    二、家电制造业履行社会责任的意义 ·················· 5
    三、家电制造业社会责任特征及要求 ·················· 7

第二章 家电制造业社会责任报告特征 ·················· 13
    一、国际家电制造业社会责任报告特征 ·················· 13
    二、国内家电制造业社会责任报告特征 ·················· 22

第三章 家电制造业社会责任议题 ·················· 29
    一、市场绩效（M系列） ·················· 29
    二、社会绩效（S系列） ·················· 30
    三、环境绩效（E系列） ·················· 31

指标篇

第四章 报告指标详解 ·················· 35
    一、报告前言（P系列） ·················· 35
    二、责任管理（G系列） ·················· 45
    三、市场绩效（M系列） ·················· 58

四、社会绩效（S 系列） ································· 80

　　五、环境绩效（E 系列） ································· 103

　　六、报告后记（A 系列） ································· 121

第五章　指标速查 ·· 125

　　一、行业特征指标表（20 个） ···························· 125

　　二、核心指标表（115 个） ······························· 126

　　三、通用指标表（180 个） ······························· 131

管 理 篇

第六章　报告全生命周期管理 ································ 141

　　一、组　织 ··· 142

　　二、参　与 ··· 144

　　三、界　定 ··· 148

　　四、启　动 ··· 152

　　五、撰　写 ··· 153

　　六、发　布 ··· 155

　　七、反　馈 ··· 156

第七章　报告质量标准 ·· 157

　　一、过程性 ··· 157

　　二、实质性 ··· 158

　　三、完整性 ··· 159

　　四、平衡性 ··· 160

　　五、可比性 ··· 161

　　六、可读性 ··· 162

　　七、创新性 ··· 163

案例篇

第八章 践诺履责，真诚沟通
　　　　——中国松下企业社会责任报告管理 ········· 167
　一、中国松下集团简介 ································· 167
　二、履责历程 ··· 168
　三、责任报告 ··· 170
　四、报告管理 ··· 171
　五、评级报告 ··· 181

附　录 ·· 185
　一、参编机构 ··· 185
　二、支持单位 ··· 189
　三、参考文献 ··· 191

后　记 ·· 195

总论篇

第一章 家电制造业社会责任

家用电器（以下简称"家电"）制造指使用交流电源或电池的各种家用电器的制造，包括制冷电器具制造、空气调节器制造、通风电器具制造、厨房电器具制造、清洁卫生电器具制造、美容/保健电器具制造、家电专用配件制造等。

一、家电制造业在国民经济中的地位

家电制造业是我国改革开放后发展起来的新兴产业，是国民经济的重要产业，在轻工业中居于支柱地位。经过30多年的发展，我国家电工业的生产规模已居世界首位，是具有较强国际竞争力的产业之一。2013年，中国家电全行业主营业务收入达到1.28万亿元，同比增长14.2%；出口额为553亿美元，同比增长9.3%；实现利税1177亿元，利润总额为784亿元，增幅超过25%。家电行业主要经济指标居轻工业的前列。

近年来，家电制造企业规模与实力明显提高，产业竞争力不断增强，吸纳就业和惠农作用显著。目前，家电制造业逐渐形成了完善的产业链和相关产业体系，家电制造和家电消费市场等相关产业链不断发展，家电制造业在促进国民经济发展起到了重要的作用。

（一）家电产品在工业生产与消费中占据重要地位

家电是居民生活中重要的耐用消费品，承担着繁荣市场和增加出口的重要任务，对国民经济和社会发展具有举足轻重的作用，如表1-1、表1-2所示。

表 1-1　我国工业主要产品产量及增长速度（2013 年）

单位：万台

产品名称	产量	较 2012 年增长（%）
彩色电视机	12776.1	-0.4
其中：液晶电视机	12290.3	4.5
家用电冰箱	9261.0	9.9
房间空气调节器	13057.2	5.3

数据来源：国家统计局，工业主要产品产量及增长速度（2013 年）。

表 1-2　城镇居民家庭平均每百户年底耐用品拥有量（1990~2012 年）

指标 \ 年份	1990	1995	2000	2005	2010	2011	2012	涨幅（%）
洗衣机（台）	78.41	88.97	90.50	95.51	96.92	97.05	98.02	20.00
电冰箱（台）	42.33	66.22	80.10	90.72	96.61	97.23	98.48	57.02
彩色电视机（台）	59.04	89.79	116.60	134.80	137.43	135.15	136.07	56.61
组合音响（套）	—	10.52	22.20	28.79	28.08	23.97	23.63	55.48
空调（台）	0.34	8.09	30.80	80.67	112.07	122.00	126.81	99.73
淋浴热水器（台）	—	30.05	49.10	72.65	84.82	89.14	91.02	66.99
微波炉（台）	—	—	17.60	47.61	59.00	60.65	62.24	71.72

数据来源：《中国统计年鉴》（2013）。

据国家统计局公布的《工业主要产品产量及增长速度（2013 年）》统计数据显示，2013 年我国彩色电视机产量比 2012 年下降 0.4%，减少到 12776.1 万台，其中，液晶电视机比 2012 年增长 4.5%，产量增长到 12290.3 台；家用电冰箱同比增长 9.9%，达到 9261.0 万台；房间空气调节器同比增长 5.3%，达到 13057.2 万台。据《中国统计年鉴》（2013 年）公布的"1990~2012 年城镇居民家庭平均每百户年底耐用品拥有量"统计数据显示，1990~2012 年，我国城镇居民家庭家电产品拥有量逐年增长，除洗衣机外，涨幅均为 50% 以上。其中，空调涨幅最高，达 99.73%，达到平均每百户拥有量 126.81 台。同时，彩色电视机平均每百户拥有量超过百台，达到 136.07 台。可见，家电产品在工业生产与消费中占据重要地位。

（二）家电制造业是国民经济实现可持续发展的中坚力量

家电制造业作为轻工业中的支柱产业，还承担着扩大就业和服务"三农"的重要任务，是国民经济实现可持续发展的中坚力量。2008 年 11 月，为扩大国内需求、改善民生、拉动消费带动生产、促进经济平稳较快增长，国务院在全国推广"家电下乡"活动；2009年6月，为进一步促进扩大内需，保持经济平稳较快发展，促进节能减排和循环经济发展，国务院办公厅印发了《关于转发发展改革委等部门促进扩大内需鼓励汽车家电以旧换新实施方案的通知》，拟在北京、天津、上海等省市开展家电"以旧换新"试点工作；2012年6月，国务院启动了节能产品惠民工程，推动了家电产业结构的优化和升级，也带来了家电制造企业产品销量迅速提升。"家电下乡"、"以旧换新"和节能补贴三大政策的出台，是扩大农村消费、拉动消费带动生产、统筹国内外市场的一项重要举措，也是促进社会主义新农村建设、提高农民生活质量、实现惠农强农目标的需要。可见，家电制造业已经成为国民经济实现可持续发展的中坚力量。

2009年12月，工业和信息化部发布《加快我国家用电器行业转型升级的指导意见》，到2015年，自主品牌产品在国际市场中比重达30%，培育5个左右具有综合竞争实力的国际化企业集团，家电行业的自主创新能力、国际化程度和行业竞争力全面提升。2011年11月，中国家用电器协会发布《中国家用电器工业"十二五"发展规划的建议》，将未来十年中国家电业的目标定为由家电大国发展成为家电强国。家电制造业的发展在国民经济长期发展中将占据着重要的战略地位。

二、家电制造业履行社会责任的意义

家电制造业作为国民经济的重要产业和轻工业的支柱产业，积极承担企业社会责任，对推动经济、社会和环境的可持续发展具有重要意义。

（一）助力社会可持续发展

家电产品在我国工业生产与消费中占据重要地位，家电制造业是国民经济实现可持续发展的中坚力量，保障家电制造业健康稳定发展，对促进我国社会发展有重要意义。

中共十八届三中全会作出了全面深化改革的重大战略部署，其中对国有企业、混合所有制企业和民营企业提出了要承担社会责任的共同要求。可见，企业社会责任已经上升到国家战略层面，履行社会责任是适应国内外经济社会发展趋势的必然要求，也是推动家电制造业可持续发展的必然选择。

家电制造业发展离不开利益相关者的支持，因此要与社会各界共享发展成果、和谐相处；家电制造企业的运营离不开对资源环境的利用，因此要加强环境管理、倡导节能减排。家电制造企业通过践行社会责任，实现经济、社会和环境综合价值的最大化，营造和谐商业环境，实现社会的可持续发展。

（二）推动行业可持续发展

家电制造业由于行业的特殊性，容易产生一些社会问题，如废弃家电回收不科学会对环境造成一定破坏，不合规产品会给消费者的安全和健康带来威胁。当前，我国家电制造企业在制造和生产环节仍存在质量合规、节能减排等有待完善等问题。近年来，家电制造企业更是由于产品质量和安全、产品销售和维修服务等备受质疑，履行企业社会责任任重道远。

2011年11月，中国家用电器协会发布了《中国家用电器工业"十二五"发展规划的建议》（以下简称《建议》）。《建议》指出，"强化企业社会责任，提升行业形象"，并对家电制造业履行社会责任提出六个方面要求：坚持诚信经营的理念，重承诺、守信誉，树立家电工业良好的整体形象；要规范竞争行为，自觉维护公平竞争秩序；履行社会责任，建立健全劳动保护措施，维护劳动者权益；遵守有关环境保护和循环经济的法律、法规，关注节能减排、低碳环保等热点问题，为创建资源节约型和环境友好型社会做出贡献；加强与企业各相关利益方的交流与合作，听取利益方的诉求，邀请公众参与到企业的社会责任活动中；适时开展企业的社会责任评估和报告发布。"十二五"时期，家电工业将面临制造成本上升、国际竞争环境变化、技术升级压力和对外依存度过高的严峻挑战，这对家电制造业履行社会责任提出了新的、更大的挑战。因此，家电制造企业只有强化社会责任意识，全面履行经济、员工、客户、供应链、环境和公共责任，才能更好地推动行业的可持续发展。

（三）促进企业可持续发展

企业社会责任已经成为全球企业提升竞争力和企业品质的核心要素，是实现企业自身创新与可持续发展的客观要求。新时期，企业应义不容辞地加强对人的价值和社会影响的关注，责无旁贷地重视对环境和社会的贡献与责任，在生产经营、对股东承担法律责任的同时，还要承担对员工、消费者、社区和环境的责任。

对企业内部管理而言，家电制造企业通过履行社会责任，全面梳理企业在履行经济、社会和环境责任的绩效，分析履责实践过程中的不足和经验，将企业社会责任管理纳入企业日常生产经营活动中，纳入企业管理中，真正将履行企业社会责任变成企业的内在的自觉的行动，从而为企业发现问题、规避风险、寻求机遇和迎接挑战提供新的视角，进一步提升企业的软实力和竞争力。

对企业外部管理而言，家电制造企业要积极回应股东、客户和员工等关键利益相关方的期望，如企业对客户承担社会责任，要做到确保产品达到质量要求，确保产品的人性化设计，设计过程中要充分考虑产品安全，同时确保产品和服务信息的真实性和完整性。企业作为社会的一分子，还应积极参与到慈善公益事业，在节能环保、绿色经济方面发挥主导作用，做到不以损害环境为代价而争取自身经济利益。

综上所述，家电制造企业在企业内外部管理中履行好社会责任，才能真正促进企业永续发展。

三、家电制造业社会责任特征及要求

在社会责任履行过程中，各行各业呈现出不同的履责特征和要求，提出了差别化的社会责任议题。家电制造业发展离不开利益相关者的支持，家电制造企业的运营也离不开对资源环境的利用，在产品质量与安全、环境及健康家电、销售及售后服务、供应链责任、研发创新、互联网和智能家电等方面表现出了不同的特征和履责要求。

（一）产品质量与安全

产品是企业的生命力，做好产品以满足消费者需求并保证产品质量，是家电制造业最应该关注和持续履行的企业社会责任。近些年，家电行业频频爆出"质量门"和"安全门"事件，大到冰箱、空调、热水器、燃气灶，小到微波炉、电饭煲、饮水机、电磁炉，几乎涵盖了家电系列所有产品。根据中国消费者协会2014年3月公布的《2013年全国消协组织受理投诉情况分析》，在2013年商品大类投诉中，家用电子电器类投诉量居前列，达到165571件，占投诉总量的23.6%，比2012年上升0.4%，投诉主要集中在质量、售后服务和合同等问题，有关质量问题投诉82502件，占家电类投诉总量的49.8%。不少家电制造企业注重产品宣传，却忽视了产品本身的质量，家电市场的质量问题和违法乱象已不容忽视。

2011年11月，中国家用电器协会发布《中国家用电器工业"十二五"发展规划的建议》，《建议》指出，"十二五"时期我国家电产品质量工作应该成为调结构促转变的重要内容，产品质量水平和质量管理水平稳步提高，特别是要提高出口产品质量，争取做到产品返修率降低20%，主要家电产品抽查合格率达到95%以上，小家电产品的安全、性能和可靠性进一步改进。这也给家电制造企业一个启示，应将质量改进措施整合进产品的全生命周期过程中，持续改进产品质量管理，实现品质改善。

产品质量与安全问题无论从社会责任角度，还是企业运营风险角度而言，都蕴含着巨大的风险。家电制造企业可以从产品质量管理、产品安全性、产品和服务信息的真实性等方面，严格规范家电产品的质量和安全，为客户提供优质的家电产品，一方面能够改善和提升消费者的生活品质，另一方面也能够树立企业的品牌和标杆形象，为企业基业长青打下坚实的基础。

（二）环境及健康家电

2013年，中国空气污染和水污染形势严重。特别是2014年以来，我国中东部地区大部分省份都出现了持续性雾霾天气，波及面积接近143万平方公里，约占国土面积的15%。与此同时，频频发生的中国居民饮水安全隐患，使环境和健康问题被提上重要日程。中共十八大报告中，首次单篇论述生态文明，首次提出"美丽中国"的宏伟目标，环境保护被提升到了前所未有的高度。报告明确指出，"全面促进资源节约；大幅降低能源、水、土地消耗强度，提高利用效率和效益；推动能源生产和消费革命，控制能源消费总量，加强节能降耗，支持节能低碳产业和新能源、可再生能源发展。"中共十八届三中全会把加快生态文明制度建设作为当前亟待解决的重大问题和全面深化改革的主要任务，强调要紧紧围绕建设美丽中国深化生态文明体制改革，加快建立生态文明制度，健全国土空间开发、资源节约利用、生态环境保护的体制机制，推动形成人与自然和谐发展现代化建设新格局。

随着《中国家用电器工业"十二五"发展规划的建议》的出台，"节能环保"成为家电产业升级的关键词之一。《建议》指出，对家电工业新型的节能环保产品的产业化试点及市场化等给予政策和资金支持，在推进节能减排工作中，将推动采用空气源、太阳能等新能源家电产品的相关政策支持。2014年5月，国务院印发《2014~2015年节能减排低碳发展行动方案》，在积极推行市场化节能减排机制中，该行动方案实施能效领跑者制度，即定期公布能源利用效率最高的空调、冰箱等量大面广的终端用能产品目录，对能效领跑者给予政策扶持，引导生产、购买、使用高效节能产品。同时，国家将进一步推行能效标识和节能低碳产品认证，将产品能效作为质量监管的重点，严厉打击能效虚标行为。环境保护、节能减排、新能源和低碳经济的发展趋势不可逆转，环境及健康家电将受益"美丽中国"概念，在未来几年中快速普及。

结合建设"美丽中国"和家电工业"十二五"规划的要求，家电制造企业应重视绿色设计、清洁生产、节能减排和回收再利用等方面的工作，提高产品的环境友好性，致力于发展环境及健康家电。绿色设计方面，企业应在家电产品的整个生命周期内，着重考虑产品的环保属性，从原材料获取、元件加工、产品制造、包装运输、产品使用到废弃处理，将其对环境的影响降到最低；清洁生产方面，企业在生产环节中要降低生产过程中的能耗，做到材料和能源循环使用，减少制造过程中污染物的排放；节能减排方面，企业要提高产品能效水平，加强家电产品中有害物质的管理，促进生产和使用过程中的节能减排；回收再利用方面，企业应引导消费者对于超期服役和耗能产品的更新，积极参与废弃家电的回收和处理工作。

（三）销售及售后服务

随着人民生活水平不断提高，电器产品已深入家庭，这带动了家电销售及售后服务的快速发展，家电销售及售后服务也成为重要的民生服务。

一方面，互联网的发展使得参加网购的消费者不断增多，家电产品的销量渠道快速下沉，电商企业开始抢占销售市场。相关研究显示，2013年，受到互联网电商业务的冲击，家电大连锁门店数量同比下降4.6%。在面对激烈的竞争环境和行业发展趋势下，家电行业的销售及维修服务水平已经成为家电制造企业至关重要的发展项目。家电销售的渠道变革正式来临，未来的销售渠道以线上和线下结合发展为主，家电制造企业应积极投身电商渠道建设，转化互联网思维，与电商网站进行合作，突破传统渠道的销售"瓶颈"。同时，家电制造企业应完善网购全流程的销售服务，及时准确地为客户提供各类服务及信息咨询，监控各网点安装、维修、配送、投诉、回访等工作情况及服务质量，从而有效升级家电行业的客户服务水平和质量。

由于家电维修经营者与消费者信息严重不对称，导致消费欺诈现象频发，消费者对家电维修服务的投诉率长期居高不下。据中国消费者协会的《2013年全国消协组织受理投诉情况分析》显示，2013年商品大类投诉中，家用电子电器类投诉量位居前列，其中有关家电售后服务问题的投诉46505件，占家电类投诉总量的28.1%，主要问题有：购买的家电出现问题后，"三包"期内经营者拒绝为消费者提供免费修理；维修时间随意性大，并常以各种不合理借口延期维修；售后零配件价格不公开透明，侵害了消费者的知情权。

为规范家电维修服务的市场经营秩序，促进行业健康发展，家电制造业应不断完善法规和标准，规范家电产品售后维修服务体系，积极探索适合家电产品特点的售后服务用户满意度评价方法，更好地保障消费者的合法权益，为家电制造业赢得更多的消费信任，提升家电制造企业负责任的企业社会责任形象。

（四）研发创新

目前，我国家电制造业已经取得了长足发展，主要家电产品产量继续位居世界前列，占有较大市场份额，形成了一批在国内有较高知名度的品牌。众多国内家电制造企业不断对自身的核心技术、产品工艺和外观设计进行创新升级，具备了一定的自主创新能力。但是，与国际一流家电制造企业相比，中国大多数企业在自主创新方面的投入仍然不足。如何在未来新技术的竞争中掌握核心技术，才是占据未来家电领域的关键。可见，提升自主创新能力、推动转型升级已经成为家电制造业的重点任务。

中国家用电器协会发布《中国家用电器工业"十二五"发展规划的建议》称，

将未来十年中国家电业的目标定为由家电大国成为家电强国。中国家用电器协会理事长姜风表示,成为一个家电强国的基本标志有四个:国内的家电厂商能够引导全球家电的发展潮流,而不是亦步亦趋;家电厂商要有强大的自主创新能力,掌握真正的自由核心技术;要拥有能够被全球消费者所认可的自主品牌;加强素质,不但需要有全球化的价值观,还要主动承担起社会责任,向受人尊敬的企业发展。可见,家电制造企业只有不断提升自主创新能力,用创新突破空间,才能更新产品、创造新的市场空间。家电制造企业要以技术驱动为手段,通过调整产品结构,下大力气提升产品品质,使得产品力得到不断提升,满足消费者日益增长的各种需求。可以从三个方面加强技术创新,提升自主创新能力:加强研发能力建设,夯实技术创新基础;加强技术研发,实现技术上的飞跃;强化重点产品技术,有效保证产品升级。

(五) 供应链责任

伴随着信息技术、网络技术的迅猛发展,以全球化、信息化、网络化、数字化为显著特征的新经济时代已经来临,家电行业的竞争日趋激烈,已经从个体企业的竞争演变成包含供应链在内的综合竞争。产品研发、质量管控、环境保护等已经不再是个体企业本身的问题,还涉及其供应链。因此,家电制造企业的社会责任不能局限于企业自身,必须要把责任延伸到供应链层面,才能最大限度地促进整个家电制造业的履责绩效。

家电制造企业供应链是指家电生产过程中,通过信息流、物流、资金流的控制,从采原材料开始,制成中间产品以及最终产品,最后由销售网络把产品送到消费者手中,将供应商、制造商、分销商、零售商,直到最终用户连成一个整体的网链结构模式。一方面,随着我国经济的高速发展,资源短缺、生态环境恶化等问题日益显现,作为产业供应链核心的家电制造企业在消耗资源的同时,应通过对供应链的管理来实现资源的保护,与供应商、经销商共同为消费者提供品质优良的环境友好产品;另一方面,保障供应链上员工的权益也是家电制造企业的责任所在。家电制造企业要严格规范供应链的劳工管理,规避供应链的劳工使用违规违法问题,切实保障每一位员工的基本权益。

(六) 互联网和智能家电

互联网技术的高速发展，移动终端的爆发式增长，智能化成为家电行业不可阻挡的趋势，"智能家电"的概念逐渐兴起。智能家电是微处理器和计算机技术引入家电设备后形成的家电产品，具有自动监测自身故障、自动测量、自动控制、自动调节与远方控制中心通信功能的家电设备。中国电子商会副秘书长陆刃波认为，2014年，家电智能化有可能成为家电制造企业的主旋律。众多家电厂商纷纷发布智能家电产品，更加速了中国智能家电产品的市场步伐。随着我国电子信息技术的不断发展，智能家电的内涵将不断发生变化，未来家电发展将以智能化为趋势，全面改写家电市场现状和行业格局。

2014年，互联网企业跨界进军家电行业，不仅带来全新的理念，同时也冲击着原有的规则和体制，"大互联"已经成为家电行业绕不开的热点话题和探索方向。互联网和智能控制技术的不断结合，正越来越深刻地影响着家电产业的发展，同时，基于互联网的营销体系和模式的日渐成熟，也为颠覆性技术及产品的出现、推广提供了有效的平台。中国轻工业联合会会长步正发表示，随着互联网技术的快速发展，工业化、信息化两化深度融合正以前所未有的广度和深度加快生产方式、消费方式和商业模式的深刻变革。当前移动互联、大数据、云计算这些互联网技术的快速发展，已影响到了社会经济生活的各个层面。

在中国产业升级的过程中，互联网思维将扮演一个重要的角色。互联网的发展，引领人们进入消费革命时代，用户关心的不仅仅是产品本身，还有产品带来的服务。在智能家电模式下，产品真正成为企业和用户沟通的渠道，家电制造企业要学会思考品牌如何定位于创新互联时代下的市场，从经营产品为中心转向以经营用户为中心，以互联网思维规划极致体验的智能产品和服务，真正造福消费者。同时，家电制造企业还应加强智能家电的研究，积极探索和创新智能家居解决方案，携互联网企业共建物联生活，从而更好地向"智能化"战略转型，实现企业的可持续发展。

第二章 家电制造业社会责任报告特征

国际家电制造业对行业内企业履行社会责任的关注较早,社会责任报告历史比较悠久,而国内家电制造业发布企业社会责任报告则起步较晚,同时,相比国内其他行业,家电制造业社会责任发展还处于起步阶段。鉴于此,分析国内外家电制造业社会责任报告的特征和发展趋势,通过借鉴和学习国际制造家电企业优秀的社会责任报告和实践经验,将有助于进一步提升我国家电制造业的企业社会责任水平。

一、国际家电制造业社会责任报告特征

企业社会责任报告是企业非财务信息披露的重要载体,它披露了企业经营活动对经济、环境和社会等领域造成的直接和间接影响,企业取得的成绩及不足等信息,是企业与利益相关方沟通的重要桥梁。随着产品质量与安全、职业健康和节能环保等问题越来越引起社会的关注,传统的以股东利益最大化为目标的运营方式已不能满足当前的市场需求,这推动了越来越多的企业履行社会责任,回应利益相关方的期望。因此,国际上出台了企业社会责任报告编写指南,为企业社会责任报告的编制提供了科学规范的指导建议。

根据 2014 年《财富》世界 500 强和 2014 年 RobecoSAM[①]《可持续性年鉴》,

---

① RobecoSAM 是一家专注于可持续性投资的专业投资机构。每年发布《可持续性年鉴》,年鉴会回顾企业上一年度的可持续性表现,并按照金、银、铜奖的等级对企业进行排名,59 个行业中表现最为出色的公司会被授予"RobecoSAM 行业领跑者"(RobecoSAM Industry Leader)称号。从 1999 年开始,RobecoSAM 每年都会对 2000 多家企业的可持续性表现进行评估和记录,并建立了一个专有的先进数据库。道琼斯可持续性指数(DJSI)由 RobecoSAM 和标普道琼斯指数(S&P Dow Jones Indices)共同发布,已获全球认可。

本书选取了 10 家国际家电制造企业作为分析的样本企业。① 国际家电制造业社会责任报告基本信息如表 2-1、表 2-2 和表 2-3 所示，10 家国际家电制造企业的简介如表 2-4 所示。

表 2-1　国际家电制造业社会责任报告基本信息 1（2014 年）

500 强排名	企业名称	总部所在地	营业收入（百万美元）	首份社会责任报告发布时间	报告页码
1（13）	三星电子（Samsung Electronics）	韩国	208938.4	2000 年	30
2（27）	通用电气（General Electric）	美国	146231.0	2005 年	90
3（58）	西门子（Siemens）	德国	106124.0	2001 年	46
4（78）	日立（Hitachi）	日本	95988.2	2000 年	35
5（105）	索尼（Sony）	日本	77532.3	1997 年	28
6（106）	松下电器（Panasonic）	日本	77225.6	2004 年	74
7（194）	LG 电子（LG Electronics）	韩国	53118.3	2005 年	97

表 2-2　国际家电制造业社会责任报告基本信息 2（2014 年）

RobecoSAM 行业领跑者（RobecoSAM Industry Leader）	企业名称	总部所在地	首份社会责任报告发布时间	报告页码
金奖	伊莱克斯（Electrolux）	瑞典	1995 年	26
银奖	熊津豪威（Coway）	韩国	2008 年	138
铜奖	林内（Rinnai）	日本	2010 年	114

表 2-3　国际家电制造业社会责任报告基本信息 3（2014 年）

企业名称	报告名称②	参考标准	页码	报告发展历程	第三方审验
三星电子	2014 可持续发展报告	GRI（G4）AA1000 APS（2008）	133	2000~2001：环境、健康和安全报告 2004~2005：绿色管理报告 2006~2007：环境与社会报告 2008~2014：可持续发展报告	商业可持续发展研究所（BISD）
通用电气	2013 可持续发展报告	GRI（G4）UNGC	—③	2005~2009：企业公民报告 2010~2013：可持续发展报告（网站格式，无打印版）	—

---

① 2013 年，RobecoSAM 企业可持续性评估（Corporate Sustainability Assessment）参与率最高的行业为家用产品，为了更真实地呈现国际家电制造业企业社会责任报告特征，本文补充选取了获得"RobecoSAM 行业领跑者"称号的家电制造企业。
② 截至指南出版前，目标企业发布的报告为最新报告。
③ 通用电气 2013 年可持续发展报告为网站格式，无法识别页码。

续表

企业名称	报告名称	参考标准	页码	报告发展历程	第三方审验
西门子	2013可持续发展报告	GRI（G4）UNGC	41	2001：企业公民报告 2002~2007：企业社会责任报告 2008~2013：可持续发展报告	安永（EY）
日立	2013可持续发展报告	GRI（G4）ISO26000	194	2000~2001：环境报告 2002~2004：环境可持续报告 2005~2010：企业社会责任报告 2011~2013：可持续发展报告	安永（EY） 法国船级社（Bureau Veritas）
索尼	2013企业年度报告	GRI（G4）	63	1997&1999&2001：环境报告 2002：社会和环境报告 2003~2011：企业社会责任报告 2012~2013：企业年度报告	必维国际检验集团（BV）
松下电器	2014可持续发展报告	GRI（G4）ISO26000	221	2004~2013：可持续发展报告	毕马威（KPMG）
LG电子	2013~2014可持续发展报告	GRI（G4）UNGC	97	2005~2013：可持续发展报告	韩国生产力中心（KPC）
伊莱克斯	2013企业年度报告	GRI（G4）	167	1995~2003：环境报告 2004~2011：可持续发展报告 2012~2013：企业年度报告	—
熊津豪威	2013可持续发展报告	GRI（G4）UNGC MDGs	91	2008~2013：可持续发展报告	挪威船级社（DNV）
林内	2013企业社会责任报告	GRI（G4）	106	2010~2011：社会和环境报告 2012~2013：企业社会责任报告	—

表2-4 国际家电制造企业简介（10家）

企业名称	企业简介
三星电子	韩国三星电子（Samsung Electronics）成立于1938年，从事LCD、半导体、手机、数位媒体等业务，是韩国最大的电子工业公司，也是世界上营收最大的电子工业制造商。三星电子从最初的环境、健康和安全报告、绿色管理报告、环境与社会报告到可持续发展报告，逐渐建立了完善的信息披露系统。在2014年《财富》世界500强排名中列第13名
通用电气	美国通用电气（General Electric）成立于1892年，是世界上最大的电器和电子设备制造公司及提供技术和服务业务的跨国公司。通用电气向来重视环境、健康与安全工作，自2004年起收集其在全球所有工厂的温室气体（GHG）排放数据，从2006年起收集全球的运营工厂的废弃物产生和用水数据，并为保护雇员的环境、健康和安全制定了非常具体的要求。在2014年《财富》世界500强排名中列第27名
西门子	德国西门子（Siemens）成立于1847年，是欧洲最大的电器电子公司，也是世界上最大的电气和电子公司之一。在西门子，可持续性意味着长期的经济成功以及一个好的企业公民所应具备的环境意识和社会责任感。西门子致力于符合道德规范的、负责任的行为。同时，他们鼓励商业伙伴、供应商和其他利益相关者遵循同样高的道德标准，共同创造可持续的价值。在2014年《财富》世界500强排名中列第58名

续表

企业名称	企业简介
日立	日本日立（Hitachi）成立于1910年，由众多的事业部门和事业公司组成，拥有多项技术、产品和解决方案技术，主要产品是空调和冰箱等电器。"通过优秀的自主技术及产品开发贡献于社会"是日立的企业理念，日立全心投入社会创新事业，通过核心自主技术、产品开发以及先进的企业理念，为打造低碳社会和绿色经济而不懈努力。在2014年《财富》500强中排名第78位
索尼	日本索尼（Sony）始建于1946年，是大型跨国集团，业务涉及电子产业、娱乐产业和金融产业。索尼秉持"为了下一代"的责任理念，在长期的社会责任实践中，围绕产品责任、员工责任和环境责任，开展了富有创新性的社区活动，如索尼海外学生交流计划和索尼设计工作坊等，带来了索尼价值的最大化和可持续发展。在2014年《财富》500强中排名第105位
松下电器	松下电器（Panasonic）成立于1918年，是日本大型电器制造企业，现已发展成为综合性电器及电子技术的跨国公司。松下始终以"贯彻产业人之本分，通过生产、销售活动，努力改善和提高社会生活，为世界文明的发展做贡献"作为社会使命和企业纲领，遵循"企业是社会的公器"的经营理念，在遵纪守法、环境保护、促进雇用、社会贡献等方面积极开展活动，在全球实现更丰富的社会生活及促进社会的发展而努力，为做受尊敬的企业公民而做出贡献。在2014年《财富》500强中排名第106位
LG电子	韩国LG电子（LG Electronics）是在消费类电子产品、移动通信产品和家用电器领域内的全球领先者和技术创新者，是生产平板电视、音频和视频产品、移动电话、空调和洗衣机的全球龙头企业之一。LG电子从做好经营到贡献社会，从企业理念到员工践行，积极开展可持续性经营活动和为构建可持续发展社会做贡献。在2014年《财富》500强中排名第194位
伊莱克斯	瑞典伊莱克斯（Electrolux）创建于1919年，是世界知名的电器设备制造公司，是世界最大的厨房设备、清洁洗涤设备及户外电器制造商，同时也是世界最大的商用电器生产商，目前在60多个国家生产并在160个国家销售各种电器产品。伊莱克斯从1995年发布第1份环境报告、从2004年发布第1份可持续发展报告以来，已经连续发布报告近20年。在2014年RobecoSAM《可持续性年鉴》中获"RobecoSAM行业领跑者"金奖称号
熊津豪威	韩国熊津豪威（Coway）成立于1989年，是韩国熊津集团旗下最具实力的子公司，是集研发、生产和销售于一体的专业环境家电企业，在韩国水质净化、空气净化和卫浴行业内始终占据首位，在世界水家电行业中的优势和领先地位。熊津豪威运用自身强大的产品研发、生产能力和完善的服务系统，致力于做以顾客健康为首任的全球环境家电企业，在节能环保产品研发和创新方面拥有优秀的实践经验。在2014年RobecoSAM《可持续性年鉴》中获"RobecoSAM行业领跑者"银奖称号
林内	日本林内（Rinnai）成立于1920年，是世界家用燃气具生产企业中最强大的集团公司之一。目前，在全球17个国家和地区设有29家生产或销售子公司，消费者遍布多个国家和地区。林内始终坚持"以质量和诚意奉献于客户"的理念和"环保、舒适、放心、安全"的可持续发展目标，不断创造引领消费者需求的产品，为人们带来舒适、便利的现代生活。在2014年RobecoSAM《可持续性年鉴》中获"RobecoSAM行业领跑者"铜奖称号

从国际家电制造业发布企业社会责任报告的基本情况和趋势来看，国际家电制造业社会责任报告具有以下四个特征：一是报告内容完整，全面反映了企业履行经济、社会和环境责任的绩效；二是报告议题具有实质性，聚焦于产品责任、客户责任、环境保护和供应链管理等议题；三是报告形式创新，从报告框架、排

版设计和呈现方式等方面提升了报告质量；四是报告编制科学，参照了国际标准，并聘请了第三方专门机构审验报告。

（一）报告内容完整，全面反映了企业履行经济、社会和环境责任的绩效

报告内容的完整性体现在两个方面：一是报告框架的完整性；二是报告页数的增多。报告框架的完整性主要体现在国际家电制造业从发布单一报告发展到发布综合性报告，报告全面反映了企业履行经济、社会和环境责任的绩效，披露信息更加全面。如表2-3所示，三星电子（Samsung Electronics）从最初的环境、健康和安全报告、绿色管理报告、环境与社会报告，到涵盖了人才管理、健康和安全、环保产品、水资源管理、共享价值、供应商合规、冲突矿产、产品便利性和社会贡献等内容的可持续发展报告，逐渐建立了完善的信息披露系统，满足了利益相关方对企业的期望；伊莱克斯（Electrolux）从最初的环境报告、可持续发展报告到年度报告，从单一披露环境策略、环保行动和环保绩效到全面披露经济价值、产品与服务创新、节能减排、卓越运营、人才为本和责任理念等信息，报告内容更加丰富。

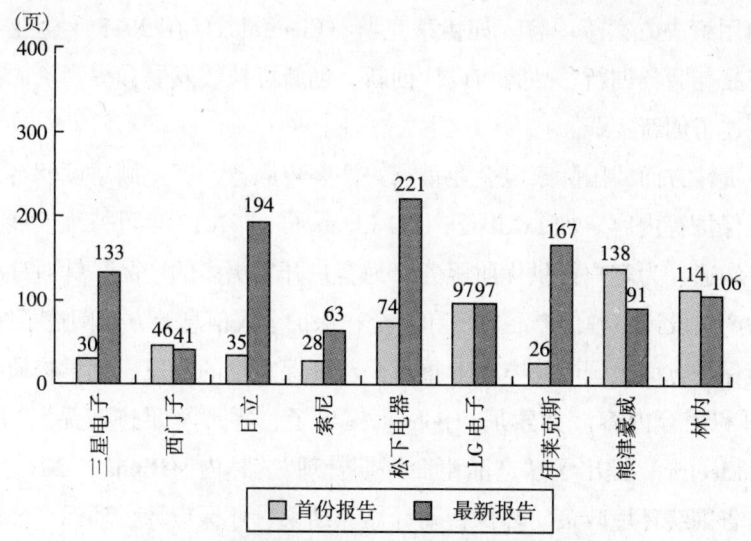

图 2-1 国际家电制造业社会责任报告页码对比

报告内容的完整性还体现在报告页数的增多。如图2-1所示，国际家电企业的社会责任报告篇幅较多，相比首份社会责任报告，增幅较大。其中，松下电器

(Panasonic)从首份的 74 页报告到 2013 年 221 页报告,一定程度上反映了松下电器社会责任报告内容更加完整。同时,根据表 2-1 和表 2-3 可以发现,国际家电制造业企业社会责任报告历史较悠久,首份社会责任报告出现较早,如伊莱克斯(Electrolux)、三星电子(Samsung Electronics)、西门子(Siemens)、日立(Hitachi)、索尼(Sony)和松下电器(Panasonic)均拥有 10 年以上的报告发布历史。其中,伊莱克斯自 1995 年首份社会责任报告发布至今,已经连续 19 年向社会披露社会责任信息,表现了伊莱克斯对利益相关方的履责愿望,为家电制造业同行企业树立了良好的榜样。

(二)报告聚焦于产品责任、客户责任、环境保护和供应链管理等实质性议题

据表 2-5 显示,国际家电制造业社会责任报告聚焦于产品责任、客户责任、环境保护、供应链管理、员工责任和社会贡献等实质性议题,凸显了报告议题的实质性。同时,从表 2-6 中可以进一步发现,国际家电制造业社会责任报告的关键议题也体现了家电制造业的行业特性。

产品责任方面,国际家电企业重点关注产品质量和安全、品牌和设计、技术创新和商用解决方案等内容。如伊莱克斯(Electrolux)在 2013 年企业年度报告中,从产品与服务创新、品牌与设计创新、创新可持续发展和提高资源利用率四个方面阐述了创新实践。

客户责任方面,国际家电企业重点关注客户服务、客户满意度和客户信息安全及隐私保护等内容。如 LG 电子(LG Electronics)2013 年可持续发展报告,从改善客户沟通、为客户提供优质服务、为客户开发更多的产品、针对残疾人等特殊人群的产品设计、确保产品质量和安全、保护个人信息等方面阐述了客户责任。

环境保护方面,国际家电企业重点关注环保家电的研发、化学物质管理和资源回收再利用等内容。如索尼(Sony)提出了"零环境足迹产品",通用电气(General Electric)提出了"产品生命周期管理"。林内(Rinnai)2013 年企业社会责任报告围绕环境政策、环保行动计划和结果、环保审计、环保产品研发、环保意识宣贯和环保活动等方面详细阐述了林内在环境保护的制度、措施和绩效。

供应链管理方面,国际家电企业关注责任采购、合规管理和冲突矿产等内容。冲突矿产方面,在非洲和印度尼西亚,开采矿物造成的人权侵犯和环境恶化

已经成为关键的全球性问题。三星电子（Samsung Electronics）支持无冲突矿产和责任采购，致力于与供应商和相关组织合作在其供应链建立安全的工作环境，向客户确保其所生产的产品是符合商业伦理守则和可持续发展要求的。三星电子与电子行业公民联盟（EICC）等相关组织一起解决冲突矿产问题，试图提升供应链责任意识，鼓励冶炼厂等相关供应商参与无冲突采购认证程序。

值得一提的是，日立（Hitachi）和西门子（Siemens）提出了"智能城市和社区"的概念，运用基础设施解决方案，建设更加安全和便捷的城市，为智能城市提供标准化基础设施。包括安全高速的交通网络、高度稳定及高效的电力设备和传输网络、安全和可持续的水资源生态系统等。

表 2-5 国际家电制造业社会责任报告聚焦的实质性议题（2012~2014 年）

关键议题	三星电子	通用电气	西门子	日立	索尼	松下电器	LG电子	伊莱克斯	熊津豪威	林内
产品责任	√	√	√	√	√	√	√	√	√	√
客户责任	√	√	√	√	√	√	√	√	√	√
环境保护	√	√	√	√	√	√	√	√	√	√
供应链管理	√	√	√	√	√	√	√	√	√	√
员工责任	√	√	√	√	√	√	√	√	√	√
社会贡献	√	√	√	√	√	√	√	√	√	√
守法合规	√	√	√	√	√	√	√	√	—	—
公平贸易	—	—	—	—	—	√	—	√	—	—
冲突矿产	√	—	√	√	√	√	√	—	—	—
智能城市和社区	√	—	√	√	—	√	—	—	—	—

表 2-6 国际家电制造业社会责任报告关键议题的趋势与重点（2012~2014 年）

关键议题	趋势与重点
产品责任	产品质量和安全、品牌和设计、技术创新、商用解决方案
客户责任	客户咨询和服务、客户满意度、客户信息安全及隐私保护
环境保护	节能环保产品研发、化学物质管理、资源回收再利用、节能减排
供应链管理	责任采购、合规管理、冲突矿产、社会责任宣贯和评估
员工责任	职业健康和安全、人才培养、工作和生活平衡、全球人力资本发展
社会贡献	繁荣和发展城市及社区、员工志愿者培育、与 NGO 合作公益项目

（三）报告框架、排版设计和呈现方式等方面较为创新

国际家电制造业社会责任报告的创新性体现在三个方面，分别是报告框架、排版设计和呈现方式。报告框架和排版设计方面，以西门子（Siemens）2013 年

年度报告为例,西门子结合了此前独立的年度报告和可持续性报告,提供了一个关于公司关键议题的综合概述,从俄罗斯、美国、印度和澳大利亚四个业务领域分别阐述了能源解决方案、产业解决方案、医疗解决方案和基础设施解决方案,并在阐述每个业务领域前都呈现了两位利益相关者的证言,结构清晰,条理清楚。同时,从通篇报告来看,它将一系列的视频和图片资料以及更多信息的链接放到了报告官网,在内容呈现方面主要以文字和数据表为主,并采用了拉页图的形式,将数据表放入折页部分,回应相应议题的内容,形式新颖,利于利益相关方理解。

呈现方式方面,国际家电制造业具有"量化报告"的特点,通常采用指标量化得出数据来呈现报告内容,表达形式更加直观,这与其多采用全球报告倡议组织(GRI)标准密切相关。通过对照 GRI4.0 指标可以发现,GRI4.0 对应家电制造业企业社会责任绩效两大关键指标分别是环境绩效指标和社会绩效指标,这两大绩效指标大多为定量指标,更进一步突出了国际家电制造业"量化报告"的特点。日立通过政府报告、环境报告和社会报告三个分册报告呈现,具有很好的创新性(见表2-7)。

表2-7 日立环境责任和社会责任定量指标举例

一级指标	二级指标	三级指标	指标性质
环境责任	环保产品和服务	环保产品销售比率	定量
		环保产品的增长率	定量
		主要产品的二氧化碳减排贡献率	定量
	环保生产	二氧化碳排放	定量
		运输产生的二氧化碳排放	定量
		废弃物产生	定量
		用水量	定量
		VOC 大气排放	定量
社会责任	企业公民活动	企业公民活动经费	定量
	供应链管理	全球采购比例	定量
	多样性管理	男女员工比例	定量
		女性管理者比例	定量
		因照顾孩子离职的员工数量	定量
		因护理责任离职的员工数量	定量
		短时间带薪照顾孩子的员工数量	定量
		短时间带薪履行护理责任的员工数量	定量
		残疾人就业比例	定量
	全球人力资源开发	外籍员工数量	定量
	员工健康和安全	职业事故率	定量

(四) 报告编制规范，参照了国际标准，并聘请了第三方专门机构审验报告

近年来，在报告框架和内容方面，国际知名家电企业发布的社会责任报告严格参照全球报告倡议组织（GRI）标准、联合国全球契约（UNGC）和国际标准化组织社会责任指南标准（ISO26000），披露了企业社会责任相应的绩效指标，结构规范，内容完整。同时，国际家电企业聘请了第三方专门机构对企业社会责任报告进行审核，以确保其报告内容真实可信。审验机构包括国际知名会计师事务所和国际权威认证机构等第三方专门机构。如松下电器（Panasonic）参照了GRI标准写作报告，聘请了毕马威（KPMG）会计师事务所为其出示独立审验报告；LG电子参照了GRI标准和联合国全球契约，聘请了韩国生产力中心（KPC）为其出示独立审验说明。以三星电子（Samsung Electronics）2013年可持续发展报告为例，在编写报告过程中，三星电子始终坚持遵循全球报告倡议组织（GRI）框架和ISO26000标准，并在报告索引部分披露了对标情况，确保报告内容的完整性和规范性。同时，三星电子聘请了商业可持续发展研究所（BISD）为其出示了独立审验报告，独立保证报告的真实性和有效性。三星透明有效的报告披露机制，不仅使得企业的社会责任行动在国际上享誉盛名，也为包括股东在内的利益相关方带来了丰厚回报。

国际家电制造业参照GRI标准编写社会责任报告，纵向来看，企业社会责任报告在披露范围、披露时间、披露内容、报告编制形式等与前后各期保持一致；横向来看，国际知名家电企业遵循统一国际标准，使得企业与同行具有横向可比性。以熊津豪威（Coway）2013年可持续发展报告为例，熊津豪威运用重要性评估对内部和外部利益相关者最重要的议题，在披露2013年社会责任信息时，围绕经济、客户、环境、员工、当地社区和供应商六个方面，对2011~2013年的关键绩效指标做了纵向对比，披露了关键绩效指标3年的历史数据，具有较强的可比性。熊津豪威作为联合国全球契约（UNGC）的一员，严格遵守人权、劳工、环境和反腐败的行为准则，在追求经济增长的同时，致力于实现联合国千年发展目标（MDGS）。同时，熊津豪威聘请了挪威船级社（DNV）规范和监督企业发布报告的可信度，它的采用大大提高了企业社会责任报告的可信度和质量。

二、国内家电制造业社会责任报告特征

根据《中国企业社会责任报告白皮书（2013）》报告评价结果，本书选取了报告排名前 10 位的国内家电制造企业作为分析的样本企业。国内家电制造业社会责任报告基本信息如表 2-8 和表 2-9 所示。

表 2-8　国内家电制造业发布社会责任报告基本信息 1（2014 年）

白皮书排名	企业名称	企业性质	报告份数	首份报告发布时间	报告页码
1（203）	青岛海尔股份有限公司	民营	6	2008 年	42
2（221）	方太集团	民营	8	2006 年	—
3（275）	合肥荣事达三洋电器股份有限公司	国有	6	2008 年	5
4（283）	广东美的电器股份有限公司	国有	6	2007 年	5
5（368）	TCL 集团股份有限公司	国有	6	2008 年	20
6（436）	杭州老板电器股份有限公司	民营	2	2012 年	13
7（464）	广东万和新电气股份有限公司	民营	2	2012 年	17
8（556）	珠海格力电器股份有限公司	民营	8	2006 年	26
9（727）	四川长虹电器股份有限公司	国有	6	2008 年	15
10（899）	青岛海信电器股份有限公司	国有	6	2008 年	11

表 2-9　国内家电制造业社会责任报告基本信息 2（2014 年）

企业名称	报告名称[①]	参考标准	第三方审验	页码	报告发展历程
海尔	2013 企业社会责任报告	GRI CASS 《上交所》[②]	中国家用电器协会	61	2008：社会责任报告 2009~2013：企业社会责任报告
方太	2013 企业社会责任报告	CASS	—	63	2005~2013：企业社会责任报告
三洋	2013 社会责任报告	GRI 《协会》[③] 《上交所》[④]	—	25	2008~2013：社会责任报告

[①] 截至《指南》出版前，目标企业发布的报告为其最新报告。
[②][④] 代指《上海证券交易所上市公司环境信息披露指引》。
[③] 代指《中国工业企业及工业协会社会责任指南》。

续表

企业名称	报告名称	参考标准	第三方审验	页码	报告发展历程
美的	2012企业社会责任报告	GRI CASS 《深交所》①	—	58	2007~2009：社会责任报告 2010~2012：企业社会责任报告
TCL	2013社会责任暨可持续发展报告	—	—	62	2008：社会责任报告书 2009~2013：社会责任暨可持续发展报告
老板	2013社会责任报告	CASS 《深交所》②	—	16	2012~2013：社会责任报告
万和	2013社会责任报告	CASS 《深交所》③	—	32	2012~2013：社会责任报告
格力	2013社会责任报告	GRI CASS 《深交所》④	—	20	2006~2013：社会责任报告
长虹	2013企业社会责任报告	—	—	13	2008~2010：社会责任报告 2011~2013：企业社会责任报告
海信	2013社会责任报告	—	—	7	2008~2013：社会责任报告

通过观察国内家电制造企业发布社会责任报告的基本情况和趋势，本书总结和分析了国内家电制造业社会责任报告的四个特征：一是报告质量不断提高，报告综合得分越来越高；二是报告内容不够完整，没有全面披露企业履行社会责任的理念、制度、措施和绩效；三是报告形式不够创新，报告框架、报告设计和表达方式比较单一；四是报告编制不够科学，30%的企业编制报告没有参照标准，90%的企业缺乏第三方机构审验。

（一）报告质量不断提高，综合得分逐渐上升

依据《中国企业社会责任报告评级标准（2013）》，项目组对国内家电制造企业2012年和2013年发布的社会责任报告进行了初步测算。通过测算，我们得知，尽管目前国内家电制造企业社会责任报告发布的数量较少，整体质量尚处在较低阶段，但是，随着越来越多企业对社会责任的重视程度和编制经验的加强，行业内企业社会责任报告的整体质量相比有所改善。

从报告综合得分来看，2013年，家电制造业企业社会责任报告综合得分平

---

① 代指《深圳证券交易所主板上市公司规范运作指引》。
②③④ 代指《深圳证券交易所上市公司社会责任指引》。

均值约为 39 分，处于发展阶段，即二星级水平；2012 年，家电制造企业社会责任报告综合得分平均值约为 34 分，处于发展阶段，即二星级水平。对比发现，虽然家电制造业连续两年的企业社会责任报告综合得分都处于发展阶段，但是，我们可以看到，综合得分有所提高，说明家电制造业社会责任报告的整体质量在不断提高。

进一步对比国内家电制造企业 2012 年和 2013 年发布的社会责任报告处于一星级水平的企业比例，2013 年行业内有 3 家企业社会责任报告综合得分处于一星级水平，占样本总量的 38%；而 2012 年行业内只有 2 家企业社会责任报告综合得分处于一星级水平，占样本总量的 25%。由此可见，家电制造企业社会责任报告得分处于起步阶段的数量稍有增加，企业的社会责任报告编制水平需要不断加深，这说明行业内企业还需要更加重视社会责任报告。

表 2-10　国内家电制造业社会责任报告六大性质得分对比（2012~2013 年）

六大性质	2013 年	2012 年
实质性	53（三星级水平）	51（三星级水平）
完整性	30（二星级水平）	32（二星级水平）
平衡性	30（二星级水平）	28（一星级水平）
可比性	8（一星级水平）	9（一星级水平）
可读性	50（三星级水平）	33（二星级水平）
创新性	29（一星级水平）	17（一星级水平）

从报告评价六大性质来看，实质性、平衡性、可读性和创新性得分均有所提升，完整性和可比性得分有所降低（见表 2-10）。具体来看，行业内社会责任报告可读性和创新性得分明显提高，2013 年分别处于三星级水平和一星级水平，说明企业更加注重关键利益相关方对企业履责的要求，部分企业甚至建立了自己的社会责任报告编写体系，不断创新报告。同时，我们可以看到，行业内社会责任报告实质性和平衡性得分也有所提高，2013 年分别处于三星级水平和二星级水平，说明企业更加关注与社会责任相关的行业特征议题和时代议题，能够坦诚、客观、全面地披露负面数据信息。此外，我们还可以看到，行业内企业社会责任报告完整性得分降低，完整性从 2012 年的 32 分降至 2013 年的 30 分，说明企业的报告内容还不够完整和丰富，没有全面披露市场、社会和环境等方面的理念、制度、措施和绩效。

（二）报告内容不够完整，没有全面披露企业履行社会责任的理念、制度、措施和绩效

报告内容的不完整性体现在两个方面，一是报告的页数偏少，二是报告框架的不完整。报告页数方面，如图 2-2 所示，国内家电制造企业 2014 年发布的社会责任报告页数在 20 页以下（含 20 页）有 4 家，分别是老板、格力、长虹和海信，2013 年发布的社会责任报告页数在 20 页以下（含 20 页）有 5 家，分别是老板、万和、格力、长虹和海信，在一定程度上反映了国内家电制造企业社会责任报告内容的丰富性和完整性有待提高。

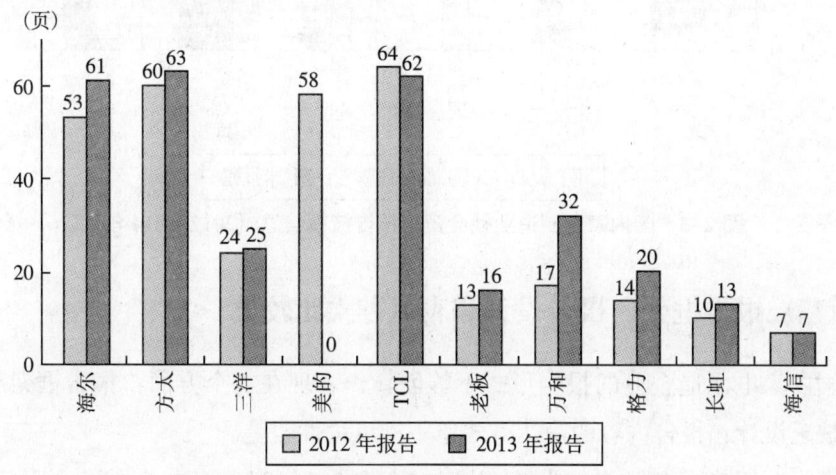

图 2-2 国内家电制造业社会责任报告页码对比①

同时，报告内容的不完整性还体现在报告框架的不完整。结合《中国企业社会责任报告编写指南（CASS-CSR 3.0）》之一般框架，如图 2-3 所示，我们可以看到，未披露占比排前三位的分别是责任管理、报告后记和报告前言；部分披露占前三位的分别是市场绩效、社会绩效和环境绩效；披露占前三位的分别是社会绩效、环境绩效和市场绩效。可见，国内家电制造业社会责任报告披露和部分披露了市场绩效、社会绩效和环境绩效的内容，报告前言、责任管理和报告后记有所欠缺。进一步观察还可以发现，国内家电制造业社会责任报告在报告流程和责任融合的占比为 0，这说明国内家电制造业社会责任报告缺乏过程性，在推进供

---

① "0" 代表 "未发布"。

应链合作伙伴履行社会责任方面还需要不断加强。整体而言，国内家电制造业社会责任报告的框架不够完整，没有全面披露企业履行社会责任的理念、制度、措施和绩效。

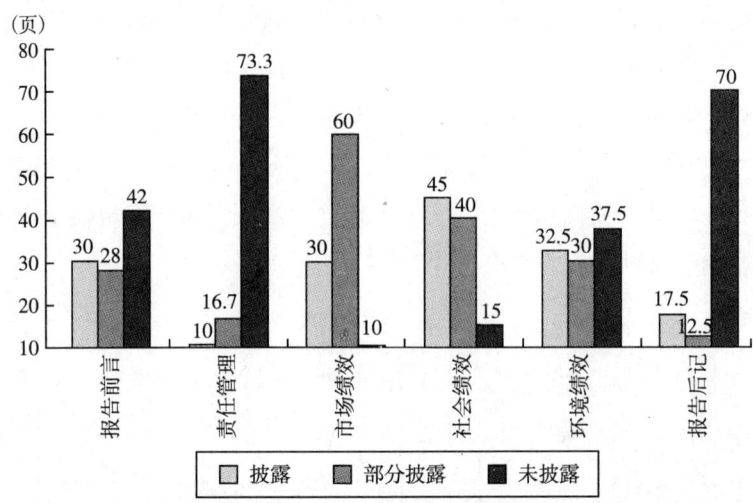

图 2-3　国内家电制造业社会责任报告披露信息（2012~2014 年）

（三）报告框架、报告设计和表达方式比较单一

国内家电制造企业的报告形式不够创新，表现在三个方面：报告框架趋同；报告缺乏设计，报告内容的表达方式单一；可读性较差。

报告框架趋同表现在，纵向对比对标企业 2012~2014 年发布的社会责任报告发现，企业近三年社会责任报告的框架基本不变，报告框架趋同。如表 2-11 所示，以《中国企业社会责任报告白皮书（2013）》报告评价得分最高的家电制造企业青岛海尔为例，我们可以看到，青岛海尔 2011~2013 年企业社会责任报告均采用三重底线型写作报告框架，尽管二级标题逐年有个别的新的变化，但总体而言，海尔 2011~2013 年企业社会责任报告呈现一定的趋同性。

表 2-11　青岛海尔 2011~2013 年企业社会责任报告框架

一级标题	2011 年二级标题	2012 年二级标题	2013 年二级标题
关于我们	报告规范 公司概况 社会责任理念 关键绩效 利益相关方	报告规范 公司概况 责任管理 关键绩效	公司概况 发展概况

续表

一级标题	2011年二级标题	2012年二级标题	2013年二级标题
经济责任	经营业绩 研发创新 商业模式 资产注入 品牌提升	经营业绩 研发创新 商业模式 品牌提升	经营业绩 研发创新 模式创新 产品创新 战略转型
环境责任	环境管理 节约能源 减排降污	环境管理 节约能源 减排降污 组织/产品"碳足迹"管理	绿色战略 绿色技术 绿色管理
社会责任	社区 员工 供应商 客户 股东 安全生产 社会公益	社区 员工 供应商 客户 股东 安全生产 社会公益	用户信赖 员工自豪 股东满意 合作伙伴共赢 安全生产 社会公益

综观10家样本企业2012~2014年发布的社会责任报告，我们可以看到，2012年、2013年和2014年分别有2家、3家和3家企业发布报告设计版，而绝大多数企业采用的报告是Word版本，由此可见，国内家电制造企业的报告缺乏设计，报告内容的表达方式单一，缺乏可比性和可读性。如美的2012~2013年发布的社会责任报告设计一定程度上提升了可读性，但是，就具体的报告内容而言，美的2013年发布的社会责任报告只有图片和文字，缺乏量化数据的横向和纵向对比，美的2012年发布的社会责任报告仅仅是纵向对比了财务数据（如营业额和纳税额）。以未设计报告为例，报告多采用文本基础编辑和简单插入图片的形式呈现内容，缺乏设计和可读性。海信2012年发布的报告只有文字没有图片，2013年发布的报告有4张图片，2014年发布的报告有8张图片，其中4张图片与2013年发布的报告重复；长虹2012~2014年发布的报告只有文字，没有图片。

（四）报告编制不够科学，30%的企业编制报告没有参照标准，90%的企业缺乏第三方机构审验

从表2-9可知，2014年发布的国内家电制造业社会责任报告中，30%的企业编制报告没有参照标准，90%的企业缺乏第三方机构审验。其中，有第三方机构

审验的海尔聘请了中国家用电器协会为其出示了报告评价。依据《中国企业社会责任报告评级标准（2013）》和《中国企业社会责任报告编写指南（CASS-CSR 3.0)》之一般框架，项目组对国内家电 2012~2014 年发布的国内家电制造业社会责任报告进行测算，我们可以进一步观察到，报告规范方面，50%的企业作了披露，30%的企业部分披露，20%的企业未披露；报告评价方面，90%的企业未作披露。由此可见，国内家电制造业社会责任报告的编制还不够科学，规范性有待进一步提高。

第三章 家电制造业社会责任议题

家电制造业具备自身行业特征,社会责任议题的一般指标并不能完全说明或衡量家电制造业的企业社会责任绩效。因此,在社会责任议题一般指标的基础上,我们研究开发了反映行业特性的指标体系。按照社会责任议题一般框架,通用指标体系由报告前言、责任管理、市场绩效、社会绩效、环境绩效与报告后记六部分组成(见图3-1)。而家电制造业社会责任指标体系在市场绩效、社会绩效和环境绩效方面与通用指标体系大有不同。

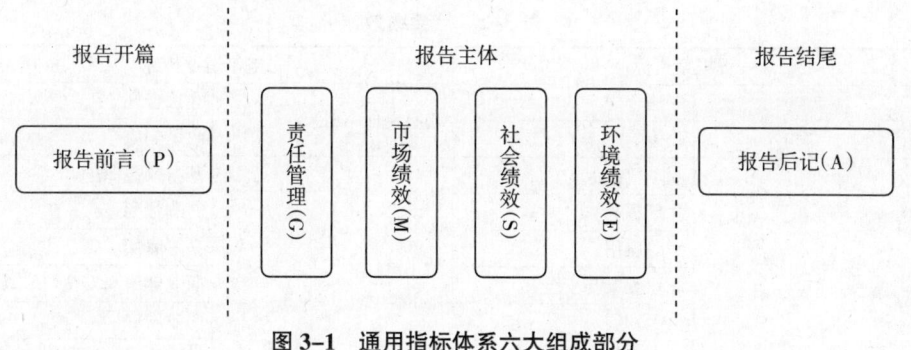

图 3-1 通用指标体系六大组成部分

一、市场绩效(M系列)

表 3-1 市场绩效

一般框架指标		家电制造业指标	
股东责任(M1)	股东权益保护	股东责任(M1)	公司治理
	财务绩效		经营业绩

续表

一般框架指标		家电制造业指标	
客户责任（M2）	基本权益保护	消费者责任（M2）	产品质量与安全
	产品质量		研发创新
	产品服务创新		销售及售后服务
	客户满意度		
伙伴责任（M3）	促进产业发展	伙伴责任（M3）	价值链管理
	价值链责任		责任采购
	责任采购		合规管理
		信息技术应用（M4）	智能家电
			互联网平台应用

二、社会绩效（S 系列）

表 3-2　社会绩效

一般框架指标		家电制造业指标	
政府责任（S1）	守法合规	政府责任（S1）	守法合规
	政策响应		政策响应
员工责任（S2）	基本权益保护	员工责任（S2）	基本权益保护
	薪酬福利		薪酬福利
	平等雇用		平等雇用
	职业健康与安全		职业健康与安全
	员工发展		职业发展
	员工关爱		员工关爱
安全生产（S3）	安全生产管理	社区责任（S3）	本地化运营
	安全教育与培训		社区发展
	安全生产绩效		社会公益
社区参与（S4）	本地化运营		
	公益慈善		
	志愿者活动		

三、环境绩效（E 系列）

表 3-3 环境绩效

一般框架指标		家电制造业指标	
绿色经营（E1）	环境管理体系	环境管理（E1）	环境管理体系
	环保培训		环保培训
	环境信息披露		环境信息公开
	绿色办公		环保公益
绿色工厂（E2）	能源管理	绿色运营（E2）	化学物质管理
	清洁生产		绿色采购
	循环经济		节能减排
	节约水资源		绿色物流
	减少温室气体排放		绿色办公
绿色产品（E3）	绿色供应链	绿色产品（E3）	节能环保产品
	绿色低碳产品研发		废旧家电回收利用
	产品包装物回收再利用		环保解决方案
绿色生态（E4）	生物多样性		
	生态恢复与治理		
	环保公益		

指标篇

第四章 报告指标详解

《指南 3.0》中报告指标体系包含的指标是未考虑行业特征性社会责任议题的一般指标,是分行业指标体系的基础。指标体系由六大部分构成:报告前言(P)、责任管理(G)、市场绩效(M)、社会绩效(S)、环境绩效(E)和报告后记(A),如图 4-1 所示。

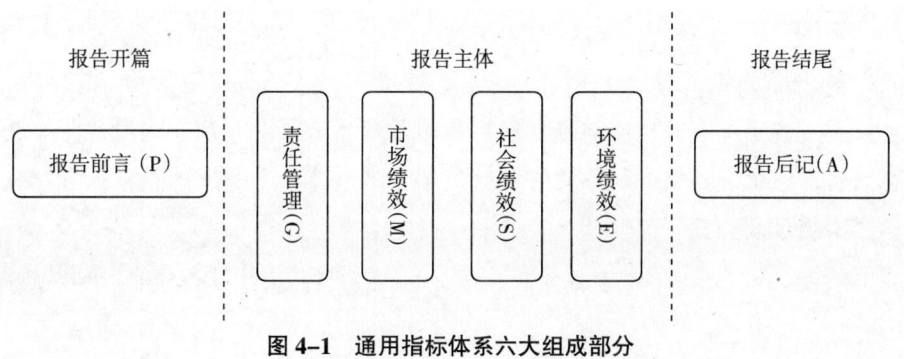

图 4-1 通用指标体系六大组成部分

一、报告前言(P 系列)

本板块依次披露报告规范、报告流程、高管致辞、企业简介(含公司治理概况)以及社会责任工作年度进展。

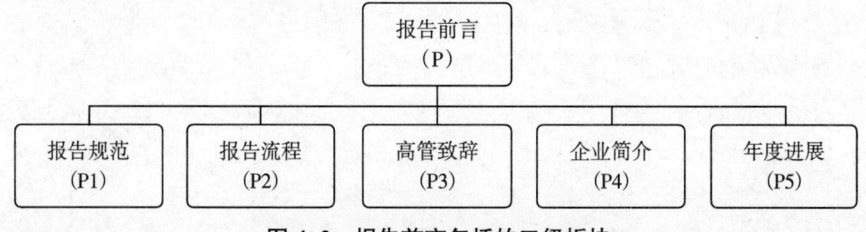

图 4-2 报告前言包括的二级板块

(一) 报告规范 (P1)

扩展指标　P1.1 报告质量保证程序

指标解读：规范的程序是社会责任报告质量的重要保证。报告质量保证程序是指企业在编写社会责任报告的过程中通过什么程序或流程确保报告披露信息正确、完整、平衡。

一般情况下，报告质量保证程序的要素主要包括：
● 报告是否有第三方认证以及认证的范围；
● 企业内部的哪个机构是报告质量的最高责任机构；
● 在企业内部，报告的编写和审批流程。

> **示例：**
> ● 质量保证
> 本报告在发布前所有数据和内容已通过公司管理层审核，公司承诺不存在任何虚假记载、误导性陈述和重大遗漏，并对本报告中相关数据的客观性和真实性负责。
> ——《LG（中国）社会责任报告2013》扉页

核心指标　P1.2 报告信息说明

指标解读：该指标主要包括第几份社会责任报告、报告发布周期、报告参考标准和数据说明等。

> **示例：**
> ● 报告说明
> 本报告是LG（中国）发布的第一份年度社会责任报告。报告的时间跨度是2013年1月1日至12月31日，部分内容超出此范围。
> ● 报告组织范围
> 报告主要披露了LG（中国）及在华法人在履行社会责任方面的理念、措施和绩效。

第四章 报告指标详解

● 编写标准

本报告参照中国社会科学院《中国企业社会责任报告编写指南（CASS-CSR3.0）》、全球报告倡议组织（Global Reporting Initiative，GRI）可持续发展报告指南（G3.1）、国际标准化组织《ISO26000：社会责任指南（2010）》撰写。

● 数据说明

本报告中所使用数据如不做特别说明，仅统计了LG电子中国法人的数据。

——《LG（中国）社会责任报告2013》扉页

[核心指标] P1.3 报告边界

指标解读：该指标主要指报告信息和数据覆盖的范围，如是否覆盖下属企业、合资企业以及供应链。

由于各种原因（如并购、重组等），一些下属企业或合资企业在报告期内无法纳入社会责任报告的信息披露范围，企业必须说明报告的信息边界。此外，如果企业在海外运营，需在报告中说明哪些信息涵盖了海外运营组织；如果企业报告涵盖供应链，需对供应链信息披露的原则和信息边界做出说明。

示例：

● 时间范围

2013年4月1日~2014年3月31日，部分内容超出上述范围。

● 组织范围

本报告覆盖松下电器中国集团在华地区投资及合资公司，为便于表达，在报告的表述中分别使用如下代称：

松下电器产业株式会社、全球松下集团——松下电器

松下电器（中国）有限公司——松下中国

松下在华企业——中国松下

——《中国松下企业社会责任报告2013》附一

[核心指标] P1.4 报告体系

指标解读：该指标主要指公司的社会责任信息披露渠道和披露方式。社会责

任信息披露具有不同的形式和渠道。部分公司在发布社会责任报告的同时发布国别报告、产品报告、环境报告、公益报告等,这些报告均是企业披露社会责任信息的重要途径,企业应在社会责任报告中对这些信息披露形式和渠道进行介绍。

> **示例:**
> ● 报告体系
>
> 公司建立社会责任信息日常和年度披露体系,日常社会责任信息参考中国松下官方网站;年度社会责任信息参考中国松下社会责任报告(2012/2013)。
>
> ——《中国松下企业社会责任报告 2013》附一

核心指标 P1.5 联系方式

指标解读: 该指标主要包括解答报告及其内容方面问题的联络人及联络方式和报告获取方式及延伸阅读。

> **示例:**
> ● 延伸阅读
>
> 本报告以印刷版和电子版两种形式发布,如需纸质版报告,请发电子邮件至 wangaiqiang@cn.panasonic.com,或致电 010-65626236。获取网络版报告,请登录松下电器(中国)有限公司网站:http://panasonic.cn。
>
> ● 联系我们
>
> 松下电器(中国)有限公司 公共关系部 社会贡献课
>
> 地址:北京市朝阳区景华南街 5 号远洋·光华国际大厦 C 座 5 层
>
> 邮编:100020
>
> 电话:(010)65626236
>
> 传真:(010)65626199
>
> ——《中国松下企业社会责任报告 2013》附一

(二)报告流程(P2)

扩展指标 P2.1 报告编写流程

指标解读: 该指标主要指公司从组织、启动到编写、发布社会责任报告的全过程。完整、科学的报告编写流程是报告质量的保证,也有助于利益相关方更好地获取报告信息。

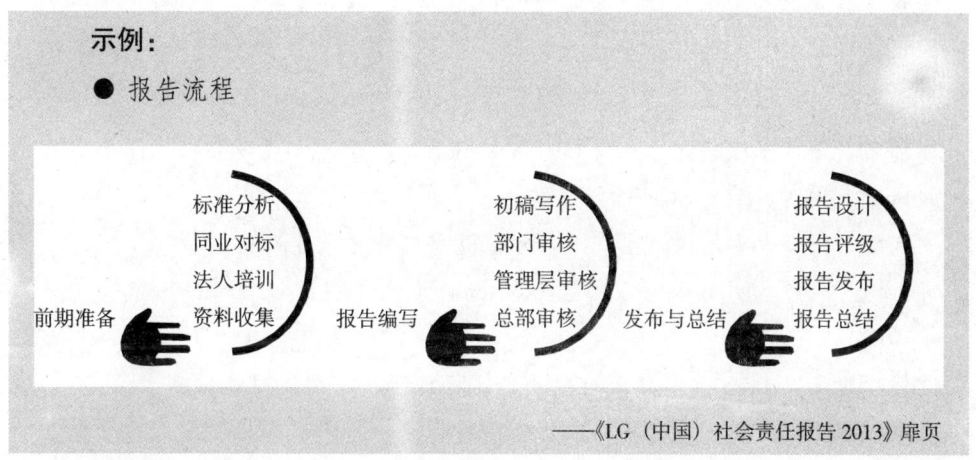

——《LG(中国)社会责任报告 2013》扉页

核心指标 P2.2 报告实质性议题选择程序

指标解读:该指标主要指在社会责任报告过程中筛选实质性议题的程序、方式和渠道。同时也包括实质性议题的选择标准。企业在报告中披露实质性议题选择程序,对内可以规范报告编写过程,提升报告质量,对外可以增强报告的可信度。

扩展指标 P2.3 利益相关方参与报告编写过程的程序和方式

指标解读:该指标主要描述利益相关方参与报告编写方式和程序。利益相关方参与报告编写的方式和程序包括但不限于以下内容:

- 利益相关方座谈会;
- 利益相关方访谈与调研;
- 利益相关方咨询等。

(三)高管致辞(P3)

高管致辞是企业最高领导对企业社会责任工作的概括性阐释。高管致辞代表了企业最高领导人(团队)对社会责任的态度和重视程度。包括两个方面的内容。

核心指标 P3.1 企业履行社会责任的机遇和挑战

指标解读:该指标主要描述企业实施社会责任工作的战略考虑及企业实施社会责任为企业带来的发展机遇。

示例：

中国社会和经济转型对 LG 在中国的发展既是机遇，又是挑战。LG 在中国的社会责任工作也面临着同样的问题。

社会和经济的转型凸显出来的社会和环境问题会促进 LG 在这些方面的责任实践，我们不仅要继续以顾客需求为中心提供更好的产品和服务，继续加强对公益领域的关注，还要针对社会和经济转型所带来的新问题采取有效的措施。同时，这些新问题会催生新的产品需求和社会需求，正好为 LG 采取创新手段，以更好的产品和服务满足这些需求带来了新机遇。

——《LG（中国）社会责任报告 2013》P4

[核心指标]　P3.2 企业年度社会责任工作成绩与不足的概括总结

指标解读： 该指标主要指企业本年度在经济、社会和环境领域取得了哪些关键绩效，以及存在哪些不足和改进。

示例：

至 2014 年 3 月 31 日，松下电器在中国设立了包括研发、生产、销售等 100 家企业，雇用员工 6 万余人，产品遍布多个领域，松下电器已成为集个人消费电子、电化住宅设备、美容健康、通信科技、环境方案、汽车电子、能源设备等综合性的著名企业。

依据当地的需要，将现有的技术扩展到尽可能多的领域。从解决现有社会问题入手，松下电器从环境保护、交通管理、能源管理等更广阔的市场，来审视自己的价值。3 月，中国松下在杭州的家电回收工厂正式运营，借助先进的分离技术等对废旧家电进行回收、无害处理和资源再利用。未来松下电器还将继续向更加节能、环保的方向发展，引领市场变革。

除了在产品应用领域的拓展外，让顾客享受到更全面的服务是目前工作的重点。2013 年，我们继续建立松下生活馆，让顾客体验最新的产品、享受最全面的服务。

——《中国松下企业社会责任报告 2013》P4

(四) 企业简介 (P4)

核心指标 P4.1 企业名称、所有权性质及总部所在地

指标解读：该指标主要介绍企业的全称、简称，企业所有权结构，以及企业总部所在的省市。

> **示例：**
>
> LG 创立于 1947 年，是一家拥有 66 年历史的大型跨国集团。
>
> ——《LG（中国）社会责任报告 2013》P5

核心指标 P4.2 企业主要品牌、产品及服务

指标解读：该指标通常情况下，企业对社会和环境的影响主要通过其向社会提供的产品和服务实现。因此，企业应在报告中披露其主要品牌、产品和服务，以便于报告使用者全面理解企业的经济、社会和环境影响。

> **示例：**
>
> 目前，松下电器的产品遍布多个领域，成为集个人消费电子、电化住宅设备、美容健康、通信科技、环境方案、汽车电子、能源设备等于一体的综合性世界著名企业。
>
> 面向未来，松下电器将凭借在家电领域培育积累的优势，借助各个领域与地域的事业合作伙伴的支持，从居家到办公室，从店铺到街区，从汽车到飞机，在顾客活动的各个空间，不仅提供硬件产品，更提供包括软件、服务在内的综合解决方案，为每一位顾客创造更美好的生活及前所未有的全新价值。
>
> ——《中国松下企业社会责任报告 2013》P10

核心指标 P4.3 企业运营地域及运营架构，包括主要部门、运营企业、附属及合营机构

指标解读：企业运营地域、运营企业界定了其社会和环境影响的地域和组织，因此，企业在报告中应披露其运营企业，对于海外运营企业还应披露其运营地域。

示例：

目前，LG 在全球拥有 250 家子公司，22.6 万名员工，超过 70%的销售额来自海外事业，在 2010 全球财富 500 强中位居第 67 位。LG 的业务包括电子、化学、通信与服务等三大领域。LG 有 1 家 LG 株式会社，旗下有 49 家集团控股公司，其中 17 家电子企业（LG 电子、LG Display 等）、16 家化学企业（LG 化学、LG 生活健康等），以及 16 家通信与服务企业（LG U+、LG CNS 等）。

——《LG（中国）社会责任报告 2013》P5

核心指标 P4.4 按产业、顾客类型和地域划分的服务市场

指标解读：企业的顾客类型、服务地域和服务市场界定了其社会和环境影响的范围，因此，企业应在报告中披露其服务对象和服务市场。

示例：

2003 年 LG 引入控股公司体制，形成以电子、化学、通信与服务为支柱的三大事业领域。LG 不断向无穷的技术领域发起挑战，致力于新技术的开发，给专业人员以最大支持，为顾客创造价值。

电子领域	化学领域	通信与服务领域
自 1958 年成立金星社以来，我们通过新技术的研发和应用创造出世界一流的产品，引领韩国电子业的发展。 我们将持续稳定地投入新技术研发，开展国际化经营活动，为全球电子产业创造崭新未来	自 1947 年创立乐喜化工业社以来，我们一直全心全意地践行"为顾客创造实质性价值"的经营理念。 我们致力于创造在日常生活体现出差异化价值的产品，用卓越的品质感动顾客	为顾客提供无地点和时间限制的快速信息服务。 我们致力于为顾客打开沟通的大门，触摸到彼此的心灵
LG 电子 LG Display LG 伊诺特	LG 化学 LG Hausys LG 生活健康 LG 生命科学 LG MMA	LG U+ LG 商社 LG Solar Energy LG 经营开发院 LG CNS LG N-Sys LG Sports

——《LG（中国）社会责任报告 2013》P6

[核心指标] P4.5 按雇用合同（正式员工和非正式员工）和性别分别报告从业员工总数

指标解读：该指标从业人员指年末在本企业实际从事生产经营活动的全部人员。包括在岗的职工（合同制职工）、临时工及其他雇用人员、留用人员，不包括与法人单位签订劳务外包合同的人员，同样不包括离休、退休人员。

> **示例：**
> LG 为中国提供了大量的就业岗位，吸纳了 47424 名员工。LG 电子在中国的全体员工中，中国员工占 98%以上，公司的总监以及 Team 长、Part 长、Task Leader 由中国员工任职的比例占 33.42%。
> ——《LG（中国）社会责任报告 2013》P27

[核心指标] P4.6 列举企业在协会、国家或国际组织中的会员资格或其他身份

指标解读：企业积极参与协会组织以及国际组织，一方面是企业自身影响力的表现，另一方面可以发挥自身在协会等组织的影响力，带动其他企业履行社会责任。

[扩展指标] P4.7 报告期内关于组织规模、结构、所有权或供应链的重大变化

指标解读：该指标主要指企业发生重大调整的事项。企业改革往往对企业本身和利益相关方都将产生深远影响，企业披露重大调整事项有助于加强利益相关者沟通及寻求支持。

（五）年度进展（P5）

年度进展主要包括报告期内企业社会责任工作的年度绩效对比表、关键绩效数据表以及报告期内企业所获荣誉列表。社会责任工作绩效对比表主要从定性的角度描述企业社会责任管理及社会责任实践组织机构、规章制度的完善以及管理行为的改进等；关键绩效数据表从定量的角度描述企业社会责任工作取得的可以数量化的工作成效；报告期内公司荣誉表对报告期内企业所获荣誉进行集中展示。

[核心指标] P5.1 年度社会责任重大工作

指标解读：年度社会责任工作进展主要指从战略行为和管理行为的角度出发，企业在报告年度内做出的管理改善，包括但不限于以下内容：

- 制定新的社会责任战略；
- 建立社会责任组织机构；
- 在社会责任实践领域取得的重大进展；
- 下属企业社会责任重大进展等。

> **示例：**
> 2013年，我们在中国松下全集团范围正式成立了"企业社会责任委员会"，意味着中国松下将企业社会责任上升到更为重要的企业战略层面。
> ——《中国松下企业社会责任报告2013》P4

[核心指标] P5.2 年度责任绩效

指标解读：年度责任绩效主要从定量的角度出发，披露公司在报告期内取得的重大责任绩效，包括但不限于以下内容：

- 财务绩效；
- 客户责任绩效；
- 伙伴责任绩效；
- 员工责任绩效；
- 社区责任绩效；
- 环境责任绩效等。

[核心指标] P5.3 年度责任荣誉

指标解读：年度责任荣誉主要指公司在报告期内在责任管理、市场责任、社会责任和环境责任方面获得的重大荣誉奖项。

示例：

社会责任奖项（2013年）

发放部门	奖项名称
国家民政部	中华慈善奖
《经济观察报》	最受尊敬企业奖
《南方周末》	世界500强企业在华贡献排行榜第二名
《道农研究院》	2013中国绿公司百强榜外企第二名
《财富中国》	中国企业CSR 25强外资企业第三名

续表

发放部门	奖项名称
《公益时报》	第十届中国慈善排行榜年度十大慈善企业
《第一财经日报》	2013中国企业社会责任榜杰出企业奖
中国节能协会	节能中国优秀单位

——《中国三星社会责任报告2013》P5

二、责任管理（G系列）

有效的责任管理是企业实现可持续发展的基石。企业应该推进企业社会责任管理体系的建设，并及时披露相关信息。根据最新研究成果，[①] 企业社会责任管理体系包括责任战略、责任治理、责任融合、责任绩效、责任沟通和责任能力六大部分。其中，责任战略的制定过程实际上是企业社会责任的计划（Plan-P）；责任治理、责任融合的过程实际上是企业社会责任的执行（Do-D）；责任绩效和报告是对企业社会责任的评价（Check-C）；调查、研究自己社会责任工作的开展情况、利益相关方意见的反馈以及将责任绩效反馈到战略的过程是企业社会责任的改善（Act-A）。这六项工作整合在一起就构成了一个周而复始、闭环改进的PDCA过程，推动企业社会责任管理持续发展，如图4-3所示。

（一）责任战略（G1）

社会责任战略是指公司在全面认识自身业务对经济社会环境影响、全面了解利益相关方需求的基础上，制定明确的社会责任理念、核心议题和社会责任规划，包括社会责任理念、社会责任议题和社会责任规划三个方面。

核心指标 G1.1 社会责任理念、愿景及价值观

指标解读：该指标描述企业对经济、社会和环境负责任的经营理念、愿景及价值观。

[①] 该框架系国资委软课题《企业社会责任推进机制研究》成果，课题组组长：彭华岗，副组长：楚序平、钟宏武，成员：侯洁、陈锋、张璟平、张蕙、许英杰。

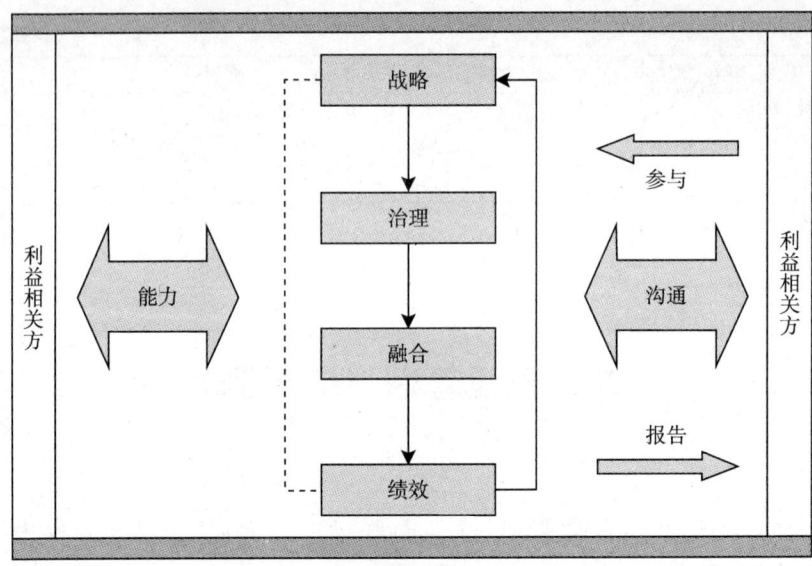

图 4-3　企业社会责任管理的六维框架

责任理念是企业履行社会责任的内部驱动力和方向，企业应该树立科学的社会责任观，勇于指导企业的社会责任实践。

示例：

中国松下秉承"企业是社会的公器"的责任理念，致力于"通过不断的技术革新，为人类的繁荣和幸福作贡献"。通过企业和产业的可持续发展，助力环境和社会的可持续发展。

中国松下 CSR 理念

——《中国松下企业社会责任报告 2013》P12

[扩展指标]　G1.2 企业签署的外部社会责任倡议

指标解读：企业签署外部社会责任倡议体现了其对社会责任的重视，同时，外部社会责任倡议也是公司履行社会责任的外部推动力。

> **示例**：
>
> 2013年，中国三星与中国野生动物保护协会签订合作谅解备忘录，在开展野生动物保护活动中建立战略合作伙伴关系，为推动中国野生动物保护事业献出一份力。
>
> ——《中国三星社会责任报告2013》P61

[核心指标]　G1.3 辨识企业的核心社会责任议题

指标解读：该指标主要描述企业辨识社会责任核心议题的工具和流程，以及企业的核心社会责任议题包括的内容。企业辨识核心社会责任议题的方法和工具包括但不限于以下内容：

- 利益相关方调查；
- 高层领导访谈；
- 行业背景分析；
- 先进企业对标等。

> **示例**：
>
> 我们紧跟《全球报告倡议组织可持续发展报告编写指南》（2013年版），《中国企业社会责任报告编写指南（CASS-CSR 3.0）》等国内外标准倡议，结合企业自身实践和利益相关方普遍要求，开展企业社会责任核心议题的甄别与筛选，明确社会责任工作的重点和报告内容的边界。

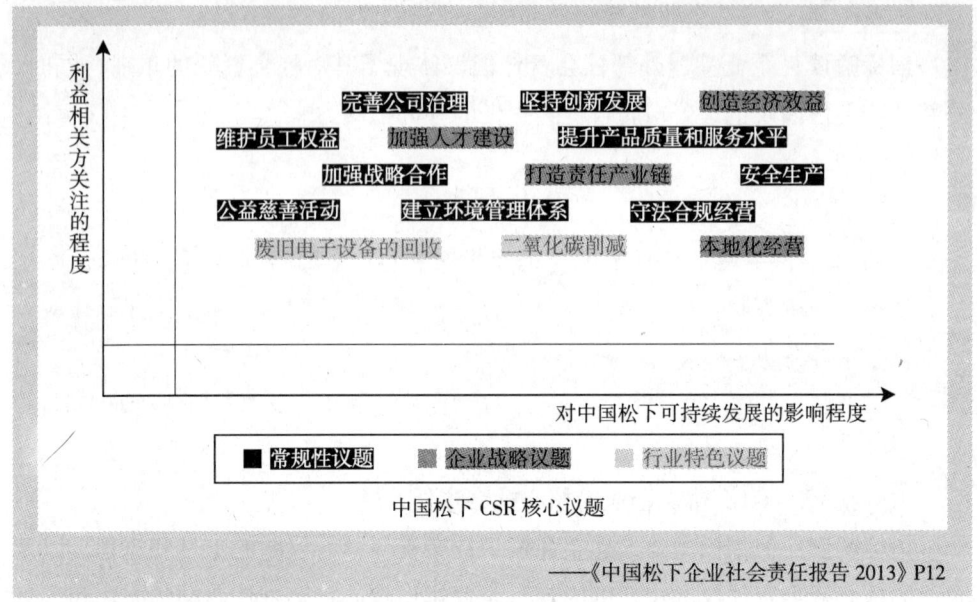

中国松下 CSR 核心议题

——《中国松下企业社会责任报告 2013》P12

扩展指标 G1.4 企业社会责任规划

指标解读：社会责任规划是企业社会责任工作的有效指引。该指标主要描述企业社会责任工作总体目标、阶段性目标、保障措施等。

示例：

中国松下积极开展社会责任计划与规划管理，明确社会责任管理工作的总体要求、阶段目标和重点任务，力争通过三年努力，实现公司社会责任管理和实践水平的快速提升。

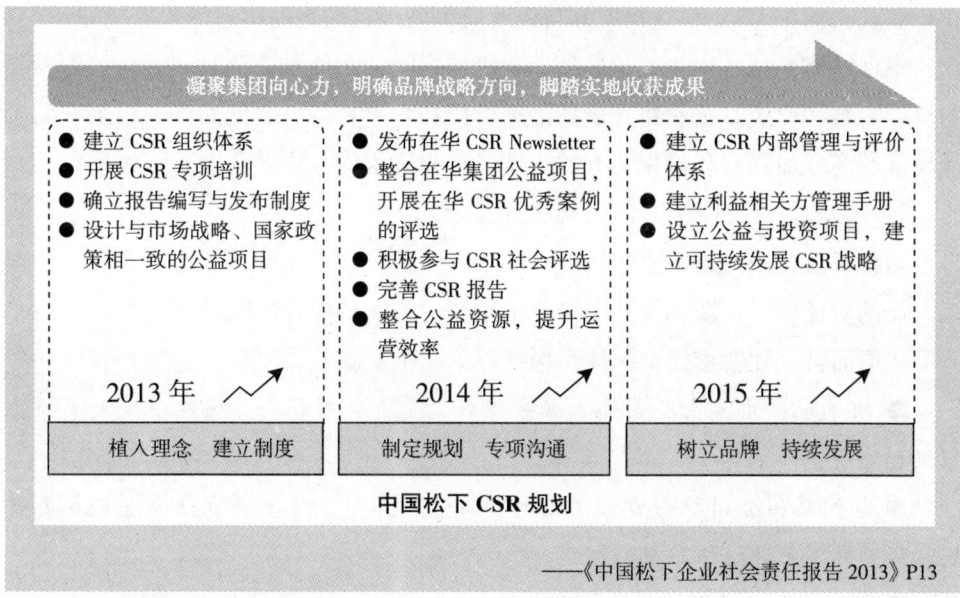

——《中国松下企业社会责任报告2013》P13

（二）责任治理（G2）

CSR治理是指通过建立必要的组织体系、制度体系和责任体系，保证公司CSR理念得以贯彻，保证CSR规划和目标得以落实，包括CSR组织、CSR制度等方面。

扩展指标　G2.1 社会责任领导机构

指标解读：社会责任领导机构是指由企业高层领导（通常是企业总裁、总经理等高管）直接负责的、位于企业委员会层面最高的决策、领导、推进机构，例如社会责任委员会、可持续发展委员会、企业公民委员会等。

示例：

中国松下设立企业社会责任委员会，大泽英俊董事长挂帅，各部门和各法人主要负责人任成员。松下中国公共关系部作为CSR推进事务局，负责社会责任工作的统筹、协调和日常管理，包括制定社会责任规划和年度发展计划，建立和完善社会责任工作的组织和制度，开展社会责任研究、培训和交流，编制和发布公司年度社会责任报告等。

——《中国松下企业社会责任报告2013》P14

[扩展指标] **G2.2 利益相关方与企业最高治理机构之间沟通的渠道或程序**

指标解读：利益相关方与最高治理机构之间的沟通和交流是利益相关方参与的重要内容和形式。企业建立最高治理机构和利益相关方之间的沟通渠道有助于从决策层高度加强与利益相关方的交流，与利益相关方建立良好的伙伴关系。

[核心指标] **G2.3 建立社会责任组织体系**

指标解读：该指标主要包括以下两个方面的内容：①明确或建立企业社会责任工作的责任部门；②企业社会责任工作部门的人员配置情况。

一般而言，社会责任组织体系包括以下三个层次：

● 决策层，主要由公司高层领导组成，负责公司社会责任相关重大事项的审议和决策；

● 组织层，公司社会责任工作的归口管理部门，主要负责社会责任相关规划、计划和项目的组织推进；

● 执行层，主要负责社会责任相关规划、计划和项目的落实执行。

示例：

为有效提高中国三星社会责任工作的水平和质量，公司于2012年成立"中国三星社会责任委员会"，由大中华区总裁全权指挥中国三星的社会责任实践。中国三星社会责任委员会的主要职责为确立中国三星社会责任理念，

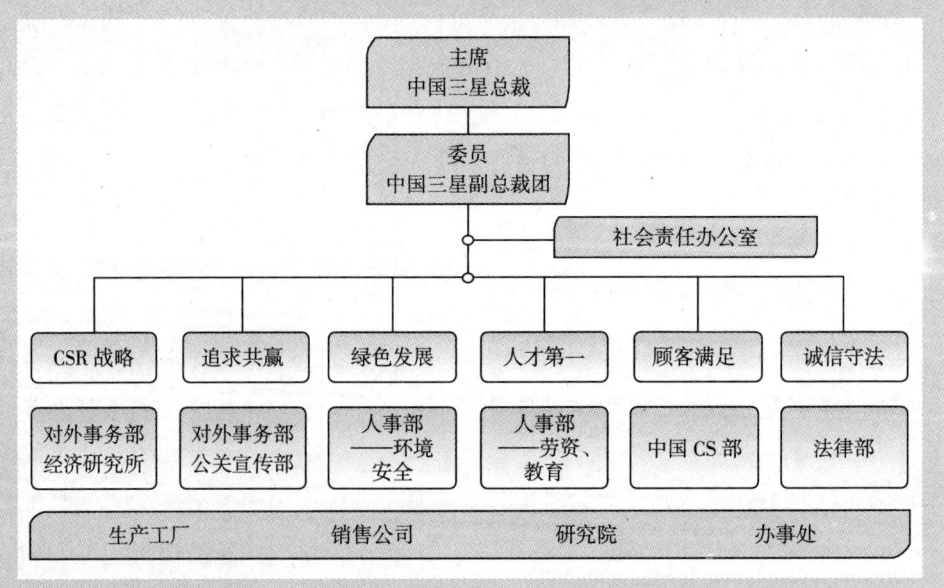

设定中国三星社会责任发展战略,审核确立中国三星社会责任工作计划,研究社会责任有关重大问题。此外,中国三星还建立和完善了社会责任工作体系,明确各职能部门社会责任工作重点领域,成立中国三星社会责任办公室,研究社会责任发展方向,组织审核责任报告的编制和发布,推动社会责任理念融入中国三星企业管理的各个部分。

——《中国三星社会责任报告 2013》P16

核心指标 G2.4 社会责任组织体系的职责与分工

指标解读:由于社会责任实践由公司内部各部门具体执行,因此,在企业内部必须明确各部门的社会责任职责与分工。

扩展指标 G2.5 社会责任管理制度

指标解读:社会责任工作的开展落实需要有力的制度保证。企业社会责任制度包括社会责任沟通制度、信息统计制度、社会责任报告的编写发布等制度。

示例:

为规范公司的社会责任管理工作,中国三星制定了《中国三星社会责任管理制度》,分为六个部分,共 25 个条款,为社会责任工作的开展提供了制度保障。

——《中国三星社会责任报告 2013》P17

(三)责任融合(G3)

责任融合是指企业将 CSR 理念融入企业经营发展战略和日常运营,包括推进专项工作转变、推动下属企业履行社会责任、推动供应链合作伙伴履行社会责任三个方面。

扩展指标 G3.1 推进下属企业社会责任工作

指标解读:该指标主要描述企业下属企业的社会责任工作情况,包括下属企业发布社会责任报告、对下属企业进行社会责任培训、在下属企业进行社会责任工作试点、对下属企业社会责任工作进行考核与评比等。

> **示例:**
> 2013年,中国三星依据内部社会责任指标体系进行稳定化检查。三星中国总部组成专家小组,对旗下的生产工厂进行系统专业的考核,考核内容涉及员工权益、环境安全健康、守法经营、社会贡献、供应商管理等方面共计41个项目。对于办事处研究院等非生产企业,主要考核员工权益、守法经营和社会贡献3个方面,检查项目为20个。考核结果与各分支机构高层领导的年度考核直接挂钩。
>
> ——《中国三星社会责任报告2013》P17

扩展指标 G3.2 推动供应链合作伙伴履行社会责任

指标解读:该指标包括两个层次:描述企业对合作机构、同业者以及其他组织履行社会责任工作的倡议;推进下游供应链企业的社会责任意识。

> **示例:**
> LG与合作伙伴建立战略共享机制和平台,促进伙伴在合作过程中,提高技术和产品质量、完善成本管理、运输、经营管理,尤其注重环境管理和对当地社区的影响。在不断的探索和合作的过程中,提高伙伴的社会责任能力,推动伙伴的成长。LG的政策是确保自身的商业活动合乎道德,LG与供应商以及与其他合作方建立公平的合作关系。致力于与供应商一道遵守所有协议,在信任、诚实、坦率的基础上建立长期合作关系。在追求经济效益的同时,鼓励合作伙伴提高技术和创新能力,降低责任风险,与环境友好相处,助力社区建设。
>
> ——《LG(中国)社会责任报告2013》P57

(四)责任绩效(G4)

CSR绩效是指企业建立社会责任指标体系,并进行考核评价,确保社会责任目标的实现,包括社会责任指标体系和社会责任考核评价等方面。

扩展指标 G4.1 构建企业社会责任指标体系

指标解读:该指标主要描述企业社会责任评价指标体系的构建过程和主要指

标。建立社会责任指标体系有助于企业监控社会责任的运行情况。

> **示例：**
> 2013年，我们建立了《中国松下企业社会责任指标手册》，从社会责任、市场责任和环境责任三方面，明确管理指标和体系。指标手册将作为中国松下社会责任信息搜集、社会责任报告编制和社会责任考核评价的重要依据。各部门和各法人已将社会责任核心指标纳入年度统计范围，以保证企业社会责任工作的落实，不断推动公司社会责任工作的科学化和系统化。
>
> ——《中国松下企业社会责任报告2013》P14

扩展指标 G4.2 依据企业社会责任指标进行绩效评估

指标解读：该指标主要描述企业运用社会责任评价指标体系，对履行企业社会责任的绩效进行评价的制度、过程和结果。

> **示例：**
> 为了遵守和履行电子行业行为规范（EICC），LG制定了CSR风险管理体系以确保不同地区的生产经营法人能够保持一致性。CSR风险管理包括劳工权利、伦理道德、环境、健康与安全、管理系统等方面。LG韩国总部对不同国家和地区的法人进行CSR风险管理评估，中国区的风险水平如下表所示。2012年，被评估的中国法人的环境表现相对较弱，处于中等风险水平；到2013年，各项表现都达到低风险水平。根据LG总部的评估结果，2013年中国区法人的CSR风险控制水平领先于其他国家和地区，并不断提升。
>
> | 年份 | 总评 | 劳工 | 伦理道德 | 环境 | 健康与安全 | 管理系统 |
> |------|------|------|----------|------|------------|----------|
> | 2012 | 低风险 | 低风险 | 低风险 | 中等风险 | 低风险 | 低风险 |
> | 2013 | 低风险 | 低风险 | 低风险 | 低风险 | 低风险 | 低风险 |
>
> ——《LG(中国)社会责任报告2013》P17

扩展指标 G4.3 企业社会责任优秀评选

指标解读：该指标主要描述企业内部的社会责任优秀单位、优秀个人评选或优秀实践评选相关制度、措施及结果。

核心指标 G4.4 企业在经济、社会或环境领域发生的重大事故，受到的影响和处罚以及企业的应对措施

指标解读：如果报告期内企业在经济、社会或环境等领域发生重大事故，企业应在报告中进行如实披露，并详细披露事故的原因、现状和整改措施。

（五）责任沟通（G5）

责任沟通是指企业就自身社会责任工作与利益相关方开展交流，进行信息双向传递、接收、分析和反馈，包括利益相关方参与、CSR 内部沟通机制和外部 CSR 沟通机制等方面。

核心指标 G5.1 企业利益相关方名单

指标解读：利益相关方是企业的履责对象，企业必须明确自身经营相关的利益相关方，并在报告中列举利益相关方名单。

扩展指标 G5.2 识别及选择核心利益相关方的程序

指标解读：由于企业利益相关方众多，企业在辨识利益相关方时必须采用科学的方法和程序。

核心指标 G5.3 利益相关方的关注点和企业的回应措施

指标解读：该指标包含两个方面的内容：①对利益相关方的需求及期望进行调查；②阐述各利益相关方对企业的期望以及企业对利益相关方期望进行回应的措施。

示例：

利益相关方	利益相关方期待	沟通渠道
投资者	● 披露透明的管理信息 ● 通过有效的管理提高投资价值 ● 通过 CSR 活动提高企业价值	● 股东大会 ● 绩效展示 ● 投资者会议 ● 网站 ● 管理报告 ● 业务报告
协力社（供应商）	● 公平交易 ● 按时支付 ● 支持企业社会责任管理活动	● 供应商门户 ● 满意度调查 ● 建议程序 ● 支持基金 ● 双赢发展论坛 ● 供应商支持

续表

利益相关方	利益相关方期待	沟通渠道
员工	● 人权保护和尊重差异 ● 公平评价和奖励 ● 提供职业发展机会 ● 健康与安全的企业环境 ● 努力提升企业文化	● 开放对话会议 ● 劳动管理委员会 ● 初级董事会 ● 内部杂志 ● 内联网 ● 简报 ● LG way 调查
顾客	● 提供安全的产品和服务 ● 公平的市场营销和准确的信息 ● 隐私保护 ● 提升客户满意	● 服务中心 ● 满意度调查 ● 展览 ● 网站 ● 社交网络 ● 神秘顾客
政府、国际组织	● 守法合规 ● 纳税 ● 相应政府政策 ● 减少温室气体排放 ● 参与和支持解决全球社会问题 ● 贡献于联合国千年发展目标 ● 为保护发展中国家的劳动、人权做贡献 ● 减少数字鸿沟	● 公开听证会 ● 讨论会议 ● 研讨会 ● 社会贡献计划 ● 网站
社区	● 工厂环境影响最小化 ● 尊重当地传统习俗和文化 ● 为当地社区做贡献 ● 通过雇用当地员工支持经济发展	● 社会贡献活动 ● 体育活动赞助 ● 讨论会议 ● 网站

——《LG（中国）社会责任报告 2013》P11~12

核心指标 G5.4 企业内部社会责任沟通机制

指标解读：该指标主要描述企业内部社会责任信息的传播机制及媒介。企业内部社会责任沟通机制包括但不限于以下内容：

● 内部刊物，如《社会责任月刊》、《社会责任通讯》等；
● 在公司网站建立社会责任专栏；
● 社会责任知识交流大会；
● CSR 内网等。

示例：

同时，不断加强企业内部社会责任沟通，每年召开集团社会责任大会，发布CSR年度战略和指标体系，下发CSR调查问卷，并就社会责任报告书广泛征集意见，培育集团浓厚的责任文化。

——《中国松下企业社会责任报告2013》P16

[核心指标] G5.5 企业外部社会责任沟通机制

指标解读：该指标主要描述企业社会责任信息对外部利益相关方披露的机制及媒介，如发布社会责任报告、召开及参加利益相关方交流会议、工厂开放日等。

> **示例：**
>
> 伴随着中国经济和社会的发展，利益相关方对LG（中国）的影响力也日益增大。LG认为，利益相关方的观点和行动对自身发展具有重要意义，需要积极地与之沟通和交流。于是，LG定期开展利益相关方座谈会，与来自社会各界的利益相关方代表进行面对面沟通，使其对LG（中国）的社会责任理念和实践有更明确的认识，进一步传达对中国负责任的品牌理念。同时，LG积极听取利益相关方代表对LG的诉求和建议，并采取及时有效的回应措施和手段。
>
> ——《LG（中国）社会责任报告2013》P18

[核心指标] G5.6 企业高层领导参与的社会责任沟通与交流活动

指标解读：该指标主要描述企业高层领导人参加的国内外社会责任会议，以及会议发言、责任承诺等情况。

> **示例：**
>
> 我们积极参加政府、行业协会和科研院所举办的关于企业社会责任会议、论坛和活动。2014年4月8日至11日，大坪特别顾问出席"博鳌亚洲论坛2014年年会"。
>
> ——《中国松下企业社会责任报告2013》P16

（六）责任能力（G6）

责任能力是指企业通过开展社会责任课题研究、参与社会责任交流和研讨活动提升组织知识水平；通过开展社会责任培训与教育活动提升组织员工的社会责任意识。

扩展指标 G6.1 开展 CSR 课题研究

指标解读：由于社会责任是新兴课题，企业应根据社会责任理论与实践的需要自行开展社会责任调研课题，把握行业现状和企业自身情况，以改善企业社会责任管理，优化企业社会责任实践。

> **示例**：
> 2012 年 7 月 26 日，中国三星参加了在中国社会科学院举行的《中国企业社会责任教材》初稿研讨会，与来自政府、科研机构、高校及企业的 30 余名专家集中讨论了教材的内容、结构与形式，并提出了诸多建设性意见。此外，中国三星还为教材的编写提供了案例素材，公司绿色经营实践被收录到案例库。
>
> ——《中国三星社会责任报告 2012》P17

扩展指标 G6.2 参与社会责任研究和交流

指标解读：该指标主要指企业通过参与国内外、行业内外有关社会责任的研讨和交流、学习、借鉴其他企业和组织的社会责任先进经验，进而提升本组织的社会责任绩效。

> **示例**：
> 2013 年 12 月 16 日，松下电器参加由中国扶贫基金会主办的"国际社会责任民间论坛"，面向来自政府相关部门、联合国驻华系统、中资企业、在华跨国企业代表、专家学者、国际国内民间组织等 300 余名参会者介绍了松下电器在教育支援方面开展的公益项目，并接受了《中外企业履行国际社会责任优秀案例》的表彰。
>
> ——《中国松下企业社会责任报告 2013》P17

扩展指标 G6.3 参加国内外社会责任标准的制定

指标解读：企业参加国内外社会责任标准的制定，一方面促进了自身社会责任相关议题的深入研究，另一方面提升了社会责任标准的科学性、专业性。

> **示例：**
> 2012年6月15日，中国三星前往工业和信息化部参加《中国电子信息行业社会责任指南》讨论稿修订座谈会。本次会议是中国三星坚持"做中国人民喜爱的企业、贡献于中国社会的企业"的理念，融入中国社会的重要内容，也是公司首次积极参与中国国家法规及行业标准修订的系列活动之一。
> ——《中国三星社会责任报告2012》P17

核心指标 G6.4 通过培训等手段培育负责任的企业文化

指标解读：企业通过组织、实施社会责任培训计划，提升员工的社会责任理念，使员工成为社会责任理念的传播者和实践者。

> **示例：**
> 中国松下重视培育责任文化，积极开展社会责任培训，提升公司员工社会责任的意识和工作能力。2014年1月，我们邀请来自中国社会科学院的社会责任专家对各部门、各法人社会责任负责人和联络人进行培训，内容涵盖社会责任管理体系、相关政策、最新实践及发展趋势等，极大地提高了公司员工对企业社会责任的认识和重视。53家在华企业的副总经理、相关部门长等代表共约80人参加培训。
> ——《中国松下企业社会责任报告2013》P15

三、市场绩效（M系列）

市场绩效描述企业在市场经济中负责任的行为。企业的市场绩效责任分为对自身健康发展的经济责任和对市场上其他利益相关方（主要是客户和商业伙伴）的经济责任。

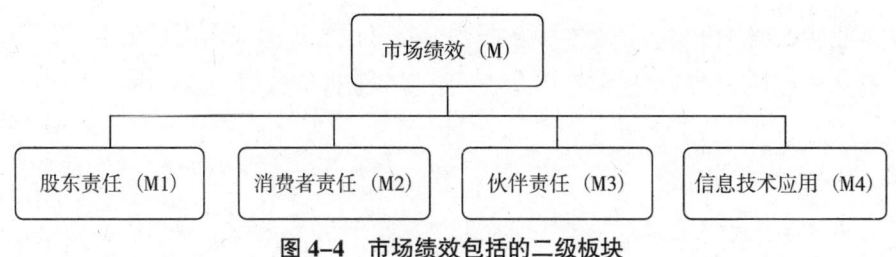

图 4-4 市场绩效包括的二级板块

(一) 股东责任 (M1)

股东责任主要包括股东权益保障机制与资产保值增值两个方面,其中股东权益保障机制用股东参与企业治理的政策和机制、保护中小投资者利益和规范信息披露进行表现,资产保值增值用资产的成长性、收益性和安全性三个指标进行表现。

1. 公司治理

核心指标 M1.1 股东参与企业治理的政策和机制

指标解读:该指标主要描述股东参与企业治理的政策和机制,这些政策和机制包括但不限于股东大会、临时性股东大会等。

> **示例:**
>
> 为了加强与投资者的沟通,公司逐步建立起多元化的投资者沟通机制。海尔对投资者来访调研给予充分重视,安排专职人员负责投资者来访接待工作;建立多渠道的沟通平台,通过电话、邮箱及不定期举行网上路演等方式,与投资者保持密切的交流;充分利用交易所网上互动平台,对投资者提问及时给予解答。
>
> ——《青岛海尔社会责任报告 2013》P46

核心指标 M1.2 保护中小投资者利益

指标解读:该指标主要内容包括保证中小股东的知情权、席位、话语权以及自由转让股份权、异议小股东的退股权等。

核心指标 M1.3 规范信息披露

指标解读:及时准确地向股东披露企业信息是履行股东责任不可或缺的重要环节,这些信息包括企业的重大经营决策、财务绩效和企业从事的社会实践活动。

企业应根据《公司法》通过财务报表、公司报告等向股东提供信息。上市公司应根据《上市公司信息披露管理办法》向股东报告信息。

> **示例：**
> 确保信息披露真实、透明是公司履行社会责任的具体表现。青岛海尔严格按照信息披露的规定，真实、准确、及时、完整、公平地做好公司定期报告、临时公告的信息披露工作，特别注意及时披露关联交易、股价敏感信息和其他的重大事项，更多地站在投资者角度向市场传递更多有效信息。公司信息披露工作的努力和成效也获得了监管机构和资本市场的认可。2013年12月30日，在由《证券时报》联合证券时报网主办的第五届中国上市公司优秀网站评选中，青岛海尔荣获"最佳信息披露上市公司网站"奖。
> ——《青岛海尔社会责任报告2013》P45

2. 经营业绩

核心指标　M1.4 成长性

指标解读：该指标即报告期内营业收入及增长率等与企业成长性相关的其他指标。

示例：

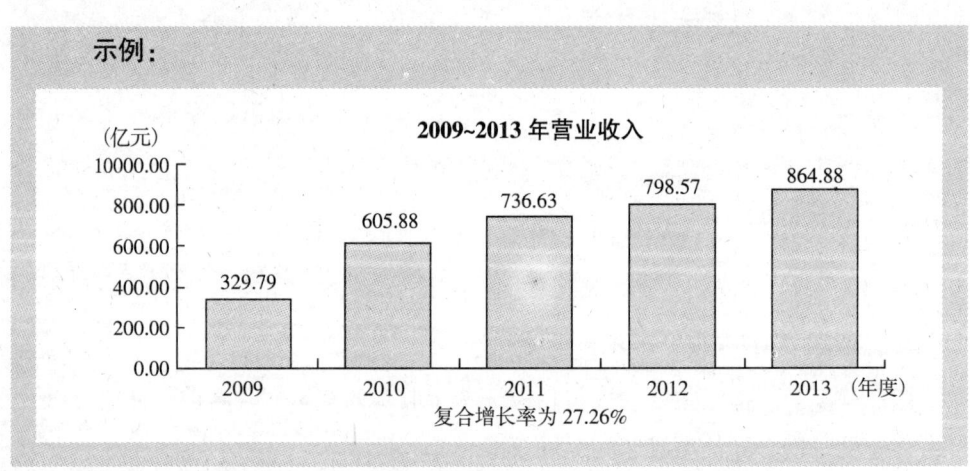

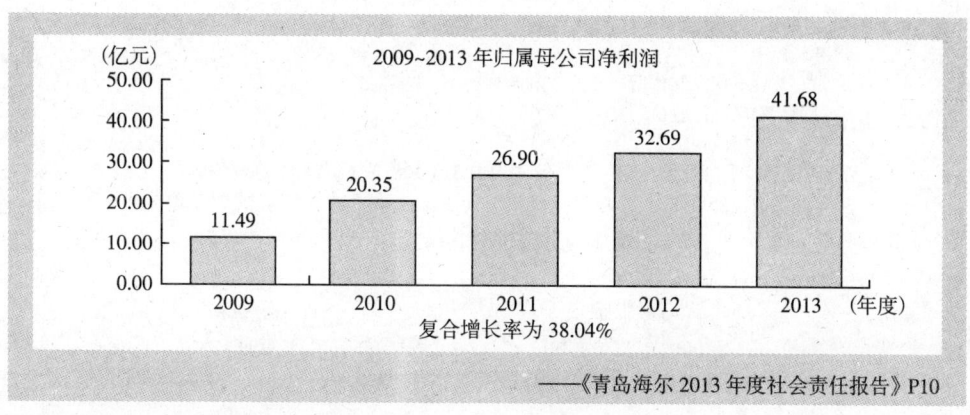

——《青岛海尔2013年度社会责任报告》P10

核心指标　M1.5 收益性

指标解读：该指标即报告期内的净利润增长率、净资产收益率和每股收益等与企业经营收益相关的其他指标。

一般来说，利润总额指企业在报告期内实现的盈亏总额，来源于损益表中利润总额项的本年累计数；净利润指在利润总额中规定缴纳了所得税后公司的利润留存，一般也称为税后利润或净收入；净资产收益率又称股东权益收益率，是净利润与平均股东权益的百分比，是公司税后利润除以净资产得到的百分比。

示例：

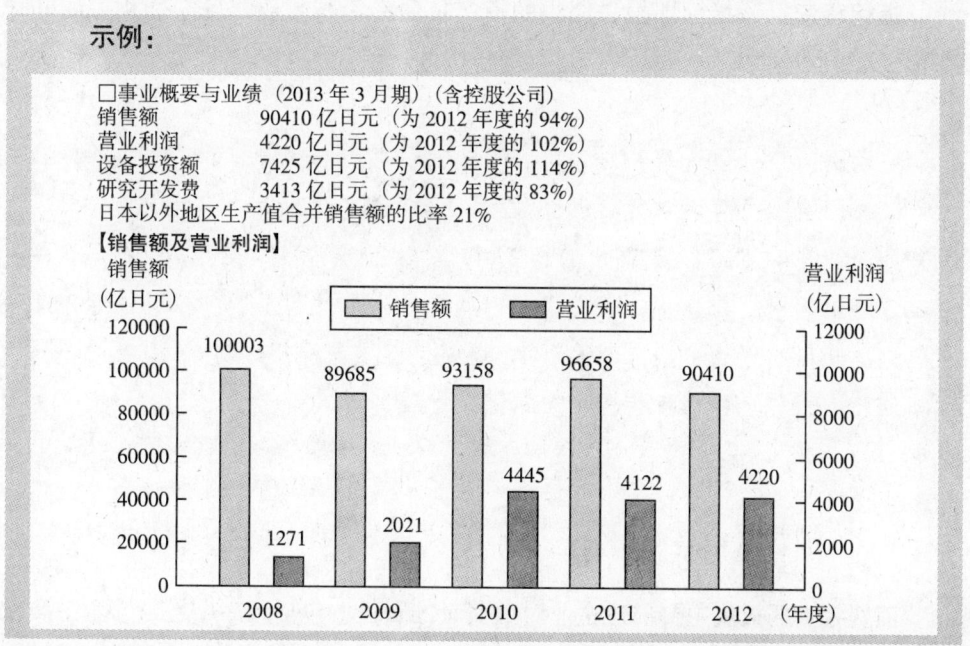

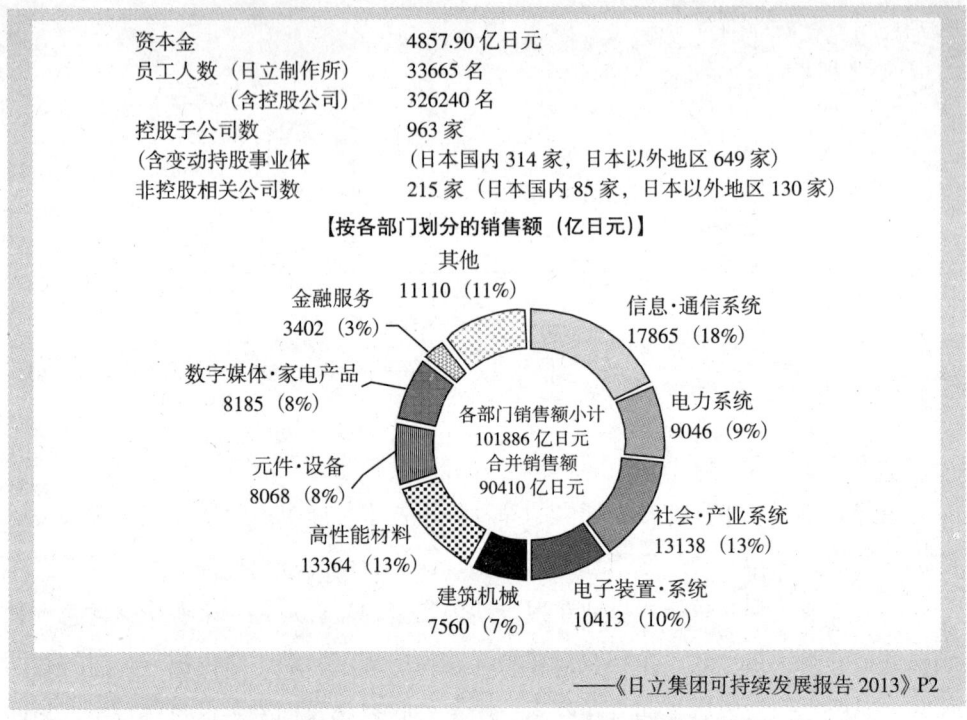

——《日立集团可持续发展报告2013》P2

核心指标　M1.6 安全性

指标解读：该指标即报告期内的资产负债率等与企业财务安全相关的其他指标。

示例：

　　2013年公司实现收入864.88亿元，同比增长8.30%；归属于母公司股东的净利润41.68亿元，同比增长27.49%；盈利能力继续提升，毛利率达到25.32%，同比提升0.08个百分点；归属于母公司股东的净利润率为4.82%，同比提升0.73个百分点；经营活动产生的现金流量净额达到65.10亿元，同比增长17.97%，持续保持良好的盈利质量。

——《青岛海尔社会责任报告2013》P10

（二）消费者责任（M2）

消费者责任板块主要描述企业对消费者的责任，包括产品质量与安全、研发创新、销售及售后服务等内容。

1. 产品质量与安全

[核心指标] M2.1 产品质量管理体系

指标解读：该指标主要描述企业产品质量保障、质量改进等方面的政策与措施，包括但不限于通过 ISO9000 质量管理体系认证、成立产品质量保证和改进小组等。

> **示例：**
> 基于"顾客第一"的经营理念，中国松下将"始终满足顾客和社会的要求，提供令人满意的产品和服务，真诚为顾客奉献"作为公司的质量方针。根据现场、现物、现实的实践，制定严格的质量管理体系并实行产品安全规格检查，特别注重从设计、原材料等生产环节的起点，保障产品的质量。公司全员始终秉承"产品的品质、安全是经营的根基"、"下道工序就是顾客"的理念，绝不销售一件不良品，绝不向不良品妥协。
> ——《中国松下企业社会责任报告 2013》P73

[核心指标] M2.2 确保产品安全的制度和措施

指标解读：该指标主要指企业贯彻落实产品安全的制度和措施，落实产品安全的文化和理念，排除产品生产和研发中忽视安全的行为。

> **示例：**
> 汇聚企划、研究、设计、制造、品质保证、保养等方面的广泛知识和技术，提供安全的产品和服务。研发产品时，基于把生命、身体、财产安全放在第一位的思路进行设计，确认安全性，并与相关单位和研究所开展合作，从多样化的观点出发进行风险评估。
> ——《日立集团可持续发展报告 2013》P32

[扩展指标] M2.3 产品安全文化

指标解读：该指标主要指企业在产品安全方面通过制度建设、宣传、培训等方式引导和建立起的相应文化，以形成对生产和研发的安全引导。

示例：

为向客户提供能够放心使用的产品，我们遵守包括环保、安全使用相关标识等在内的保证产品安全性的各类法令法规（技术法令法规）。在公司内部使员工了解国内外关于产品的法令法规以及修订动向、施行日期等信息，同时制作了含有下述三大主题的守法指南，在整个集团内进行共享：①明确各产品相关法令法规（产品法令索引）；②根据产品守法管理体系（根据 ISO 90001：2008 年版建立的守法管理体系）持续改进守法流程；③开展守法教育并提高意识。

——《日立集团可持续发展报告 2013》P32

核心指标　M2.4 家电安全隐患的排查

指标解读：该指标主要指企业主动对生产的家电进行二次质量检测，以保证出厂产品的安全和质量。

扩展指标　M2.5 产品召回事件及成效

指标解读：该指标主要指企业在产品召回整改方面的应对和成效，如企业提供的产品或服务被证明对消费者的生命或财产安全存在威胁时，企业应立刻停止提供该类产品或服务，并做出公开声明，尽可能召回已出售产品。

示例：

中国松下一直以强调商品品质为己任，建立了严格的商品品质管理制度，特别是对于会造成安全性问题的商品。2010 年 8 月，我们针对部分型号电冰箱，由于其冷媒控制阀中采用了红磷阻燃剂，高温高湿环境下，可能造成冷媒控制阀线圈断线，导致发生"冷藏室不冷"或"冷藏室过冷"的不正常现象，在中国实施了电冰箱的主动召回，开创了中国家电市场首例也是至今唯一一例的家用电器商品的自主召回。截至 2014 年 3 月 31 日，电冰箱自主召回 274377 台，完成率已经达到 75%，目前召回仍在进行中，我们力求实现 100%。

——《中国松下企业社会责任报告 2013》P76

2. 研发创新

核心指标　M2.6 支持产品和服务创新的制度

指标解读： 该指标主要指在企业内部建立鼓励创新的制度，形成鼓励创新的文化。

> **示例：**
>
> 日立自创业以来，一贯秉承"通过优秀的自主技术及产品开发贡献于社会"的企业理念，并为实现这一企业理念积极地研发工作。以研发为核心、不间断地进行创新，是日立集团可持续发展的原动力。
>
> ——《日立集团可持续发展报告 2013》P27

核心指标　M2.7 研发投入

指标解读： 该指标主要指报告期内企业在科技或研发方面投入的资金总额。

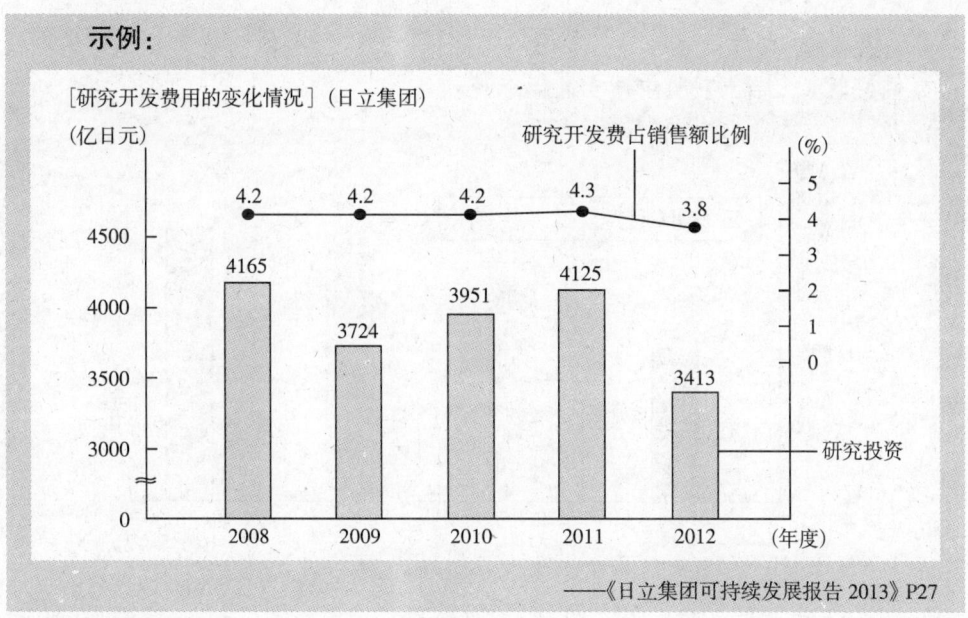

——《日立集团可持续发展报告 2013》P27

核心指标　M2.8 研发人员数量及比例

指标解读： 科技工作人员指企业直接从事（参与）科技活动以及专门从事科技活动管理和为科技活动提供直接服务的人员。累计从事科技活动的时间占制度工作时间50%（不含）以下的人员不统计。

示例：

指标	2011年	2012年	2013年
科技工作人员数量（人）	1450	1164	1016
科技工作人员比例（%）	13.63	12.42	11.34

——《LG（中国）社会责任报告2013》P46

核心指标　M2.9 新增专利数

指标解读：该指标主要包括报告期内企业新增专利申请数和新增专利授权数。

示例：

截至2013年底，海尔集团及子公司国内累计申请专利15737项，其中发明专利5598项，仅2013年，国内申请专利1785项，其中发明专利882项。其中，"一种绝缘组件及应用该绝缘组件的电热水器"在第十五届中国专利奖颁奖大会上获得中国专利优秀奖。

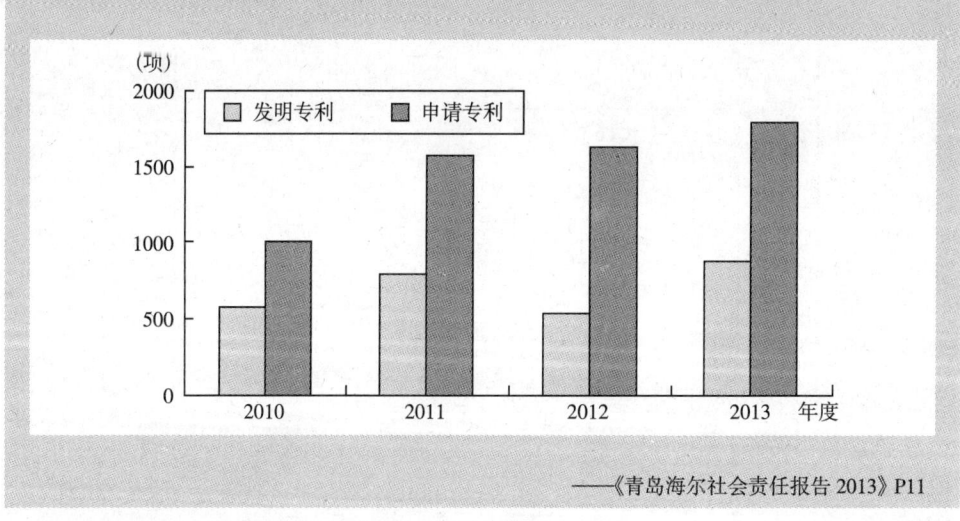

——《青岛海尔社会责任报告2013》P11

核心指标　M2.10 新产品销售额

指标解读：新产品指采用新技术原理、新设计构思研制、生产的全新产品，或在结构、材质、工艺等某一方面比原有产品有明显改进，从而显著提高产品性能或扩大了使用功能的产品。新产品包括全新型新产品和重大改进型新产品两大类：

● 全新型新产品：指与以前制造的产品相比，其用途或者技术设计和材料三者都有显著变化的产品。这些创新可以涉及全新的技术，也可以基于组合现有技术新的应用，或者源于新的知识的应用。

● 重大改进型新产品：指在原有产品的基础上，产品性能得到显著提高或者重大改进的产品。若产品的改变仅仅是在美学上（外观、颜色、图案设计、包装等）的改变及技术上较小的变化，属于产品差异，不作为新产品统计。

示例：

指标	2011年	2012年	2013年
新产品销售额（万元）	1151603	998399	1550864

——《LG（中国）社会责任报告2013》P46

核心指标　M2.11 针对客户需求的设计

指标解读：该指标主要指企业针对客户的需求进行产品设计的研发。

示例：

我们以贴近中国家庭的生活习惯及需求为宗旨，通过数字视听和生活家电两大类产品，给中国消费者带来可持续的、安全、舒适和充满快乐的智感生活。

其中视听产品包括电视机、数码相机、摄像机、影音产品、电话、录音笔等。

生活家电包括美容&护理产品、料理家电、健康产品、家居产品等。

我们不断开发具有创新价值的新品，并以其高品质、人性化的设计，融入消费者的生活，打造安心、舒适的整体生活方案。

——《中国松下企业社会责任报告2013》P66

扩展指标　M2.12 针对特殊群体的产品设计和研发

指标解读：该指标主要指企业针对特殊群体，如儿童、老人和低收入人群等，进行相应的产品设计和研发。

3. 销售及售后服务

核心指标　M2.13 消费者服务管理体系

指标解读：该指标指以消费者为中心，覆盖消费者期望识别、消费者需求回应以及消费者意见反馈和改进的管理体系。

> **示例**：
>
> 为了与顾客建立良好的关系，三星电子售后服务总部在 2013 年初建立了 Customer Care 部门，强化了客户关系管理体系。为增强投诉风险预警管理，中国三星开展了 Risk Sensing 业务，在强大的系统支持下，通过逻辑检索和人工判定，将可能发生投诉的潜在因素提前化解，让顾客感受到亲切、迅速、满意的三星服务。
>
> ——《中国三星社会责任报告 2013》P44

核心指标　M2.14 提供多样化的消费者服务渠道

指标解读：该指标指企业为消费者提供的服务渠道，包括但不限于服务网点和服务热线等。

> **示例**：
>
> 为确保给客户提供优质的服务，松下电器设立了松下电器（中国）有限公司客户服务中心（综合 CS 中心），全面负责产品的售前、售中及售后服务工作。并于 2002 年成立呼叫中心，在中国地区开通了全国服务热线 4008100781，投资启用了先进的 CRM 系统平台，全年 365 天，每天 24 小时为客户提供全方位、透明化的优质服务。
>
> ——《中国松下企业社会责任报告 2013》P74

核心指标　M2.15 服务网点个数及覆盖率

指标解读：该指标指企业在全国设立的服务网点及覆盖率。

示例：

全国认定服务网点	服务覆盖率
700多家	100%

——《中国松下企业社会责任报告2013》P74

核心指标 M2.16 保修和"三包"政策

指标解读：该指标主要指企业对产品提供适当的保修期限和保修范围。同时，"三包"也是国家政策对家电经营的一项规定。

核心指标 M2.17 消费者产品和服务知识普及

指标解读：该指标主要指企业对消费者进行产品和服务知识的宣传、普及和培训活动。

示例：

中国松下十分重视与客户的交流，为了确保顾客能够真正地了解商品和有效地使用商品，通过客户交流活动、提供FAQ、购买后的商品使用说明和安全事项的说明等多种形式，为顾客提供产品使用方面的专业咨询和指导。同时，通过松下主页、微博、微信等网络平台，普及商品知识、收集客户反馈信息。

——《中国松下企业社会责任报告2013》P75

扩展指标 M2.18 确保产品和服务信息的真实和完整

指标解读：该指标指企业在产品和服务说明方面做到信息的真实和完整性，确保不披露虚假的产品和服务信息。

核心指标 M2.19 消费者满意调查及满意度

指标解读：消费者满意是指消费者对某一产品或服务已满足其需求和期望的程度的意见，也是消费者在消费或使用后感受到满足的一种心理体验。

示例：

为了保证服务的质量，中国松下建立了一套完善的客户满意度调查体系，包括自身和通过第三方开展的满意度调查，以确保调查的真实性和完整性。通过分析结果和针对性的改进措施，改善中国松下的服务质量。

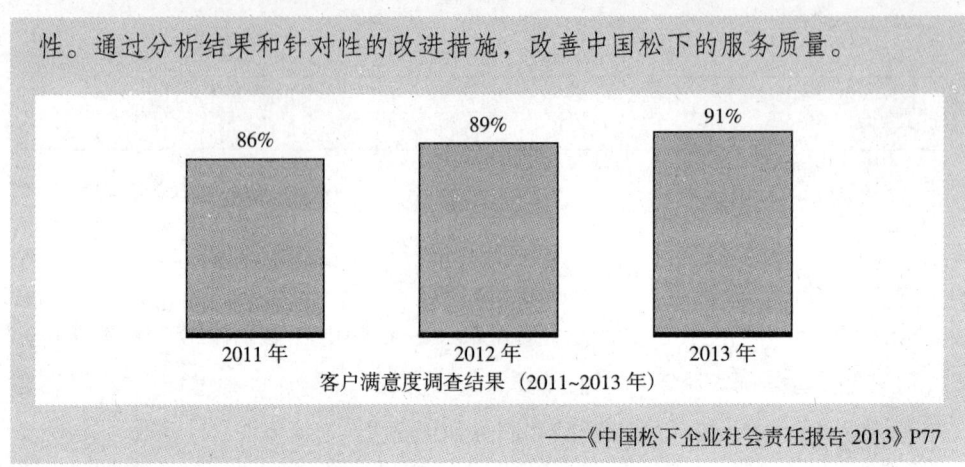

客户满意度调查结果（2011~2013年）

——《中国松下企业社会责任报告 2013》P77

核心指标 M2.20 消费者投诉应对机制及投诉解决率

指标解读：该指标主要指建立完善的消费者投诉应对机制，以保证投诉解决的流程化、制度化，提高解决效率和质量。

示例：

中国松下建立了一套完善的客户投诉对应机制，以保证客户的投诉能够得到快速、圆满的解决。

中国松下呼叫中心拥有独立的投诉对应组别，以保证用户投诉得到有效的反馈并最终得到合理的解决。同时，中国松下各部门每日都在为呼叫中心维护和更新用户所需的产品、维修店信息提供支持，以保证消费者可以获得

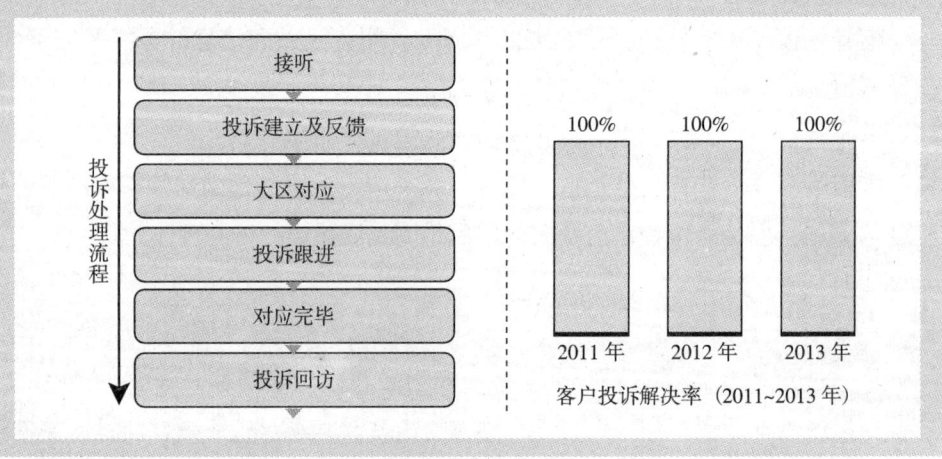

客户投诉解决率（2011~2013年）

最新、最准确的数据。同时，呼叫中心也具有完善的反馈机制，一旦发现产品、服务信息出现异常情况，会立即通过有关部门反馈，在指定时限内（一般为24小时内）确认到真实情况，并将结果告知用户，保证用户利益。

——《中国松下企业社会责任报告2013》P77

核心指标　M2.21 确保消费者信息安全的制度与措施

指标解读： 该指标主要描述企业保护消费者信息安全的理念、制度、措施及绩效。企业不应以强迫或欺骗的方式获得任何有关消费者个人隐私的信息；除法律或政府强制性要求外，企业在未得到消费者许可之前，不得把已获得的消费者私人信息提供给第三方（包括企业或个人）。

示例：

随着全球业务营运的拓展，许多业务活动将更加依赖客户的个人资料。科技虽然使个人资料的存取和交换更为便利，却同时也提高了资料滥用的风险。LG对客户提供的资料严加保密，避免移作他用或遭泄露。

仅基于合法的业务目的，存取、使用和维护客户提供的个人资料。

● 确定在和外部单位或是跨国组织分享个人资料时是否出于必要，并保证资料提供者事前已针对此资料转移表示同意。

● 会像对待公司机密资讯一样保护个人资料。

● 保护资料提供者检查、修改、销毁、反悔的权利，同时保护个人资料，不让他人使用的权利。

● 当个人资料不当泄露、遗失或修改时及时通报。

● 如未经资料提供者同意，不得分享、揭露、修改或破坏个人资料。

● 禁止将个人资料传送到国外。

● 在接受企业伙伴提供的个人资料时，提前了解资料提供者所同意的资料用途。

● 要求员工不在电脑中放置不必要或与工作无关的个人资料。

——《LG（中国）社会责任报告2013》P41~42

（三）伙伴责任（M3）

企业的合作伙伴主要有债权人、上游供应商、下游分销商、同业竞争者及其他社会团体。伙伴责任主要包括企业在价值链管理、责任采购和合规管理三个方面的理念、制度、措施、绩效及典型案例。

1. 价值链管理

核心指标 M3.1 战略共享机制及平台

指标解读：该指标主要描述企业与价值链伙伴（商业和非商业的）建立的战略共享机制及平台，包括但不限于以下内容：

- 长期的战略合作协议；
- 共享的实验基地；
- 共享的数据库；
- 稳定的沟通交流平台等。

> **示例：**
> 中国三星积极与政府、企业、高校等机构开展战略合作，发挥双方优势，共同促进和谐社会建设。
>
> ——《中国三星社会责任报告 2013》P49

核心指标 M3.2 促进价值链履行社会责任方面的倡议和政策

指标解读：企业应利用其在价值链中的影响力，发挥自身优势，与供应商在内的价值链伙伴共同制定社会责任倡议和相关行业社会责任发展建议。

> **示例：**
> 松下电器严格按照《绿色采购准则》推进注重环境保护的采购活动，并根据实际情况不断修订该准则，以适应时代发展的需要。2013年7月，在准则的修改中明确提出在与供应商协作方面，将"与合作伙伴一起扩大环境贡献活动"，彻底贯彻绿色采购和"ECO·VC活动"作为主要推进目标。
> 2013年重点实施绿色采购和NGO的对应管理。松下电器与世界自然保护基金会（WWF）达成协议，为了维护生物多样性及资源的可持续利用，

制定了《木材绿色采购方针》,并已正式开始实施。

——《中国松下企业社会责任报告 2013》P58

核心指标　M3.3 对价值链伙伴开展社会责任能力建设和培训

指标解读:该指标主要描述企业对供应商、经销商等价值链伙伴进行社会责任培训或社会责任宣传教育的活动。

示例:

中国松下面向在华制造公司的供应商,教授现场管理知识和方法,分享松下管理经验,强化供应商与松下的合作和沟通,实现共同努力,共同成长。

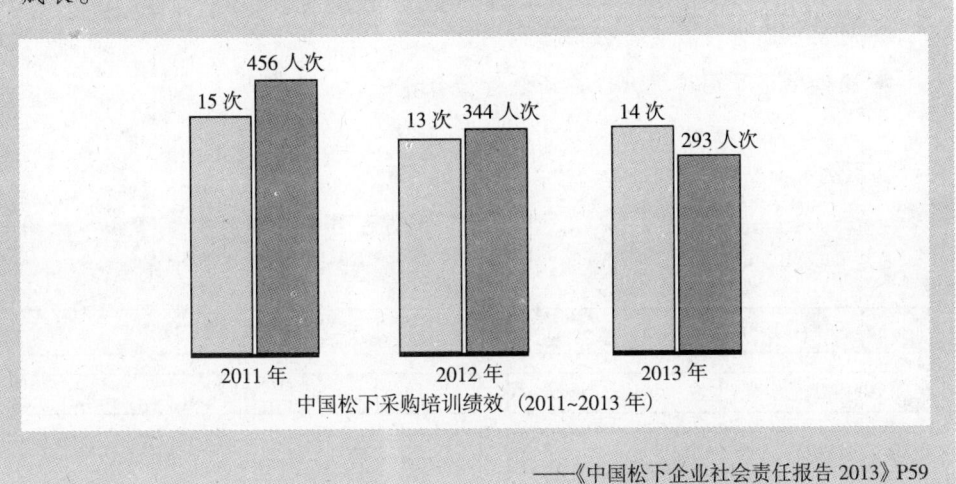

中国松下采购培训绩效(2011~2013年)

——《中国松下企业社会责任报告 2013》P59

扩展指标　M3.4 价值链社会责任评估和调查的措施及绩效

指标解读:一般情况下,对供应商在内的价值链伙伴进行社会责任审查分为企业自检或委托第三方机构对供应商履行社会责任情况进行审查。

示例:

"人才第一、最高志向、引领变革、正道经营、追求共赢"是三星的五大核心价值。其中追求共赢不仅包括企业与员工的共赢,也包括与合作企业的共赢。为了更加有效地推进合作企业的发展,中国三星在 2013 年正式成立合作企业专业检查团。检查团成员全部由中国三星最专业的人事以及安全等人员构成,负责对中国三星合作企业的人事制度,生产安全等项目进行诊断和评估,并提出改善建议,切实帮助合作企业不完善或根除隐患,与中国三星携手共同成长。

——《中国三星社会责任报告 2013》P50

2. 责任采购

核心指标 M3.5 责任采购的制度和措施

指标解读:一般情况下,公司负责任采购程度由低到高分为以下三个层次:

● 严格采购符合质量、环保、劳工标准,合规经营的公司的产品或(及)服务;

● 对供应商进行社会责任评估和调查;

● 通过培训等措施提升供应商履行社会责任的能力。

示例:

采购是企业价值链的核心,中国松下致力于和供应商建立战略合作伙伴关系,并通过自身努力带动供应商履行社会责任,打造责任产业链。

松下电器的采购方针	对供应商 CSR 采购的要求
① VE 采购的实践	**成为 CSR 企业**
② 质量以及安全性的确保	① 廉洁采购 实施自律,公正的交易
③ 推进成本降低活动	② 绿色采购 积极地进行环境保护和环境管理,要求按照松下电器推进的绿色采购方针进行交付活动
④ 通过缩短交货期以实现最佳采购	③ 遵纪守法 要求基于松下电器下属企业和供应商之间的交易基本合同,遵守法律以及社会规范
⑤ 通过绿色采购来实现与地球环境的共存	
⑥ 推进全球采购	④ 信息安全 提高供应商的信息安全水准,达到松下电器的交易要求
⑦ 遵守法令以及社会规范	
⑧ 有效地使用信息并确保信息安全	⑤ 人权、劳动、安全卫生 以尊重人权为基础的企业与员工之间的关系
⑨ 对人权和劳动安全卫生等的考虑	**与 CSR 企业交易**

——《中国松下企业社会责任报告 2013》P58

[扩展指标] M3.6 供应商通过质量、环境和职业健康安全管理体系认证的比率

指标解读：供应商通过质量、环境和职业健康安全管理体系认证可从侧面（部分）反映供应商的社会责任管理水平。

> **示例：**
> 2013 年检查的 220 家企业中，有 26 家获得环境管理体系和职业健康安全管理体系认证，有 143 家获得环境管理体系或职业健康安全管理体系认证。
> ——《中国三星社会责任报告 2013》P50

[扩展指标] M3.7 供应商受到经济、社会或环境方面处罚的个数/次数

指标解读：该指标主要指企业供应商中在经济、社会或环境方面受到政府处罚的个数以及严重程度。

[扩展指标] M3.8 受处罚供应商整改比例

指标解读：该指标主要指企业供应商在经济、社会或环境方面受到处罚后的整改比例。

[扩展指标] M3.9 责任采购比率

指标解读：报告期内企业责任采购数量占企业应实行责任采购的采购总量。

责任采购比率=责任采购量/应实行责任采购的采购总量×100%

3. 合规管理

[核心指标] M3.10 诚信经营的理念与制度保障

指标解读：该指标主要描述确保企业对客户、供应商、经销商以及其他商业伙伴诚信的理念、制度和措施。

> **示例：**
> 中国三星为实现集团"21 世纪世界超一流企业"的目标，始终坚守诚信经营的理念，在商业活动中，中国三星一直秉承"以真诚之心，行信义之事"的原则，坚持"言必信，行必果"。

对待消费者	中国三星充分保护消费者的合法权益，并依法向消费者承担产品质量保证责任
对待合作伙伴	中国三星本着谋求共同发展、实现各方共赢的原则，与合作伙伴积极充分协作，实践中国三星对合作伙伴做出的承诺
对待客户	中国三星严格履行与客户经过平等友好协商签署的合同项下的义务

——《中国三星社会责任报告 2013》P24

核心指标　M3.11 公平竞争的理念及制度保障

指标解读：公平竞争主要指企业在经营过程中遵守国家有关法律法规，遵守行业规范和商业道德，自觉维护市场秩序，不采取阻碍互联互通、掠夺性定价、垄断渠道资源、不正当交叉补贴、诋毁同业者等不正当竞争手段。

示例：

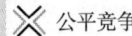

追求自由竞争
LG 按照自由竞争的原则，遵守中国的市场经济秩序，以优质的产品和服务赢得顾客的信赖，堂堂正正地通过自己的实力进行竞争

遵守法规
LG 在从事经营活动时，严格遵守相关法律法规，尊重当地的贸易习惯

LG 在中国的经营活动严格遵守中央政府和地方政府的法律法规，秉承公平竞争的价值观，禁止滥用市场支配地位，禁止横向、纵向垄断协议，坚持用正当手段确保竞争中的优势地位

禁止商业贿赂
LG 本着"取胜有道"的原则，要求全体员工在客户、企业伙伴以及社区面前表现出最高水准的诚信与透明，以公平公开的方式经营企业，承诺绝不使用贿赂或其他不当手段达成企业目标

反垄断
LG 坚信垄断行为是对客户信任和公司价值观的背叛，因此 LG 制定了反垄断指导方针，并通过持续的监控、员工培训和宣誓来强化反垄断的行动纲领

——《LG（中国）社会责任报告 2013》P21

扩展指标　M3.12 经济合同履约率

指标解读：该指标主要反映企业的管理水平和信用水平。

经济合同履约率=（截至考核期末实际履行合同份数）/考核期应履行合同总

份数×100%

(四) 信息技术应用 (M4)

信息技术应用主要包括企业在智能家电和互联网平台应用两个方面的理念、制度、措施、绩效及典型案例。

1. 智能家电

核心指标 M4.1 家电智能化的理念及路径

指标解读：该指标主要描述企业在智能家电研发的理念、措施和绩效。

> **示例：**
> 中国三星始终致力于为消费者和用户创造独特个性化的体验，通过移动解决方案打破空间阻隔，在商务领域更好地分享资源、协作共赢。通过三星手机、平板和智能电视，以及商用大屏显示器、笔记本电脑、打印机等设备整合与活动，实现商务智能化。中国三星在教育、酒店、政府、金融、建筑、交通、安防、设计等行业均有专业的商务解决方案。
> ——《中国三星社会责任报告 2013》P26

核心指标 M4.2 智能家电类型

指标解读：该指标主要描述企业的智能家电类型，包括已研发的智能家电类型和计划研发的智能家电类型（可公开）。

> **示例：**
> 在产品方面，海尔以破坏性创新推进智慧化家电的研发，本着"便利、健康、安全、节能、新生活方式"的价值主张陆续推出了天樽空调、智能冰箱、空气管家、智慧烤箱等产品以及智能家居整体方案，获得了消费者的普遍认可。
> ——《青岛海尔社会责任报告 2013》P17

核心指标 M4.3 智能家电体验和试用的措施和成效

指标解读：该指标主要描述企业为推广智能家电开展的用户体验和试用活动及成效。

> **示例：**
> 松下美食沙龙通过网站、微博、线下活动等多种方式为消费者提供最新的松下料理家电产品信息、最具创意的料理食谱和最健康的饮食资讯。并定期开设料理课堂，为用户提供产品体验和试用机会。
> 2013年5月19日，松下美食沙龙与ABC Cooking Studio合作举行用户体验活动，请美食专家现场传授烘焙知识，并邀请用户现场制作面包美食。
> ——《中国松下企业社会责任报告2013》P67

 核心指标   M4.4 智能家电用户满意度调查与满意度

指标解读： 该指标主要描述企业在智能产品用户使用方面开展的满意度评估与调查。

2. 互联网平台应用

 核心指标   M4.5 通过互联网实现与用户交互

指标解读： 该指标主要描述企业通过互联网实现与用户交互的概况，交互平台包括但不限于企业官网、用户社区等。

> **示例：**
> 海尔目前拥有很多平台，而这些平台最大的特点是"交互"。在运营局面，通过海尔官网（www.haier.com）、海尔用户社区（bbs.haier.com）、卡萨帝官网（www.casarte.cn）、海尔商城（www.ehaier.com）、海极网（www.hijike.com）以及外部媒介交互资源实现与用户交互，实时动态掌握用户需求；通过研发资源平台（hope.haier.com）、资源云平台（v.ihaier.com）、海立方平台（www.ihaier.com）等动态引入全球一流研发、设计、供应链等资源，为全流程创造用户最佳体验提供资源保障。
> ——《青岛海尔社会责任报告2013》P16

 扩展指标   M4.6 智能家居解决方案

指标解读： 该指标主要描述企业通过互联网打造智慧家电和智慧家庭交互平台，依托互联网实现互联互通，为消费者打造完整的智慧家庭生活平台。

示例：

　　海尔以智慧家庭为中心正在给用户提供网络时代最佳的智慧生活体验。目前海尔构建了"一云 N 端"的产业架构，将每一类产品都变成互联网终端，并且这些终端具备智能感知，互联互通和协调共享的功能，可以实现人与人、人与家电、家电与家电之间的交流沟通，让用户无论何时何地都能充分享受智能时代的最佳应用服务。

　　海尔努力为消费者创造智慧生活体验的背后，折射出鲜明的网络化战略特点。无论是传统的大家电还是生活小家电，都能依托互联网接口实现互联互通。从一台台智能家电到一个个智慧家庭，再到一个个智慧社区，海尔通过成套的智能家电正在努力向着智慧城市、智慧星球的未来目标迈进。

——《青岛海尔社会责任报告 2013》P17

扩展指标　M4.7 参与建设"智慧城市"

　　指标解读：该指标主要描述企业从智能家电到智慧家庭，再到智慧社区，通过成套的智能家电向智慧城市的目标迈进。

示例：

　　智慧城市（Smart City）是一种高效、泛在、互联、环保的未来城市模型，它几乎融合了整个城市的所有 IT 元素，市民可以在任何地点、任何时间、使用任意的终端获得各种服务。智慧城市通过城市整体的能源使用、水资源管理、控制碳排放等绿色技术与先进的 IT 技术，以城市为范围进行开发，提高城市生活的便利性，使生活变得高效舒适。三星 SDS 已在中国实施了广东物联天下物联网体验馆项目、佛山新城智慧城市规划咨询项目、京津未来城咨询项目等。

——《中国三星社会责任报告 2013》P26

四、社会绩效（S 系列）

社会绩效主要描述企业对社会责任的承担和贡献，包括政府责任、员工责任和社区责任三个方面的内容。政府责任是现阶段我国企业履行社会责任的重要内容之一，主要描述企业响应政府号召，对政府负责的理念、制度、措施及绩效；员工责任主要描述企业对员工负责，促进员工与企业共同成长的理念、制度、措施、绩效及典型案例；社区责任主要描述企业对社区的责任贡献。

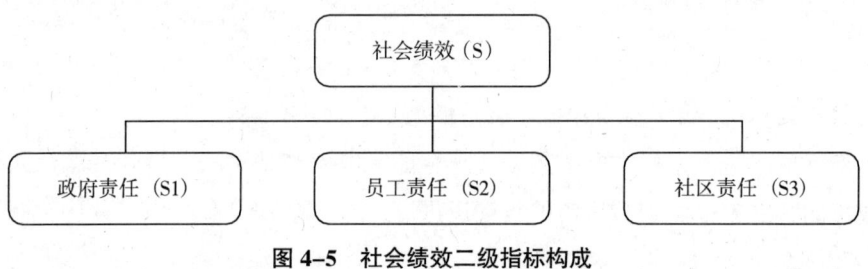

图 4-5　社会绩效二级指标构成

（一）政府责任（S1）

政府责任主要包括守法合规、政策响应、税收贡献以及带动就业等方面。

1. 守法合规

核心指标　S1.1 企业守法合规体系

指标解读：该指标主要描述企业的法律合规体系，包括守法合规理念、组织体系建设、制度建设等。

合规（Compliance）通常包含以下两层含义：①遵守法律法规及监管规定；②遵守企业伦理和内部规章以及社会规范、诚信和道德行为准则等。"合规"首先应做到"守法"，"守法"是"合规"的基础。

> **示例：**
> 中国三星秉承"正道经营"理念，一直恪守诚信守法经营之道，将合规理念深深地融入到公司运营和每一位员工的日常业务之中。在公平竞争、劳

动保障、环境保护、知识产权保护、消费者保护、商业伦理和国际贸易等领域，中国三星建立了符合中国国情和法律规定的合规管理体系和责任制度，以确保公司的所有商业活动规范化、合法化。

中国三星建立了发送邮件合规指南系统及接触竞争公司登记系统，以杜绝不正当竞争行为（**在公平竞争方面**）	在保护自有知识产权不受侵犯的同时，中国三星还充分尊重合作伙伴、客户以及第三人的知识产权，通过信息安全保护部门的技术手段及内部审查制度确保公司不使用未经授权的软件、专利或商标（**在知识产权保护方面**）
为向消费者提供更优质、更安全的产品和服务，中国三星严格控制每一类产品的生产流程和服务质量；为进一步加强消费者个人信息保护，中国三星还着手制定了《个人信息保护政策》（**在消费者保护方面**）	中国三星设立了严格的反贿赂政策，确保自身在廉洁、正直的前提下开展商业活动（**在商业伦理方面**）

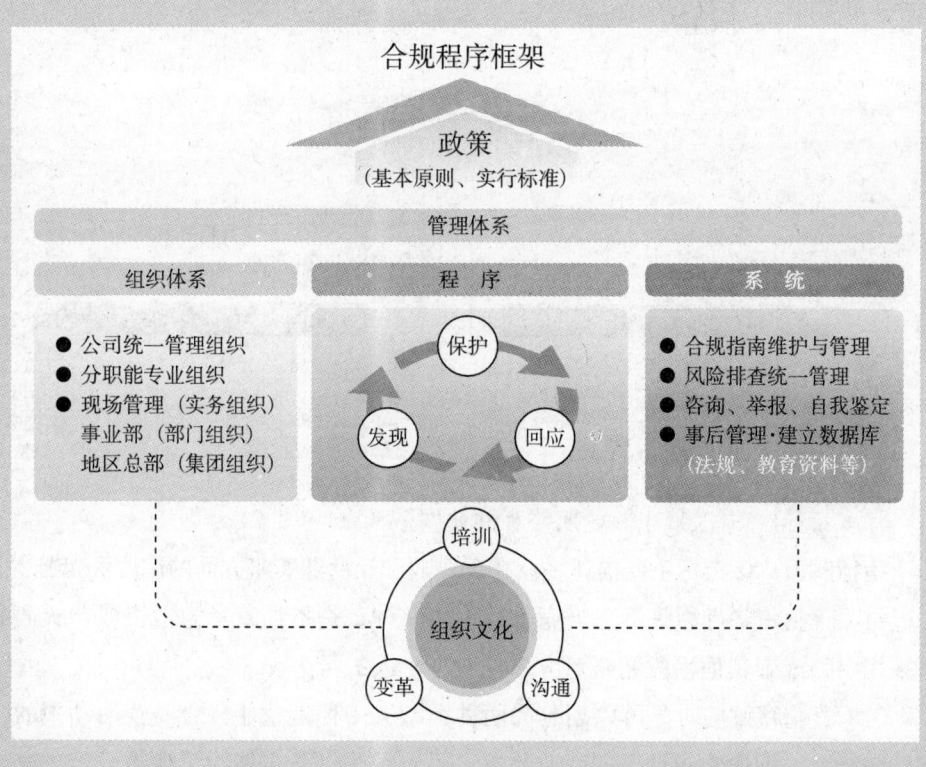

——《中国三星社会责任报告 2013》P20

|核心指标| S1.2 守法合规培训

指标解读：该指标主要描述企业组织的守法合规培训活动，包括法律意识培训、行为合规培训、反腐败培训、反商业贿赂培训等。

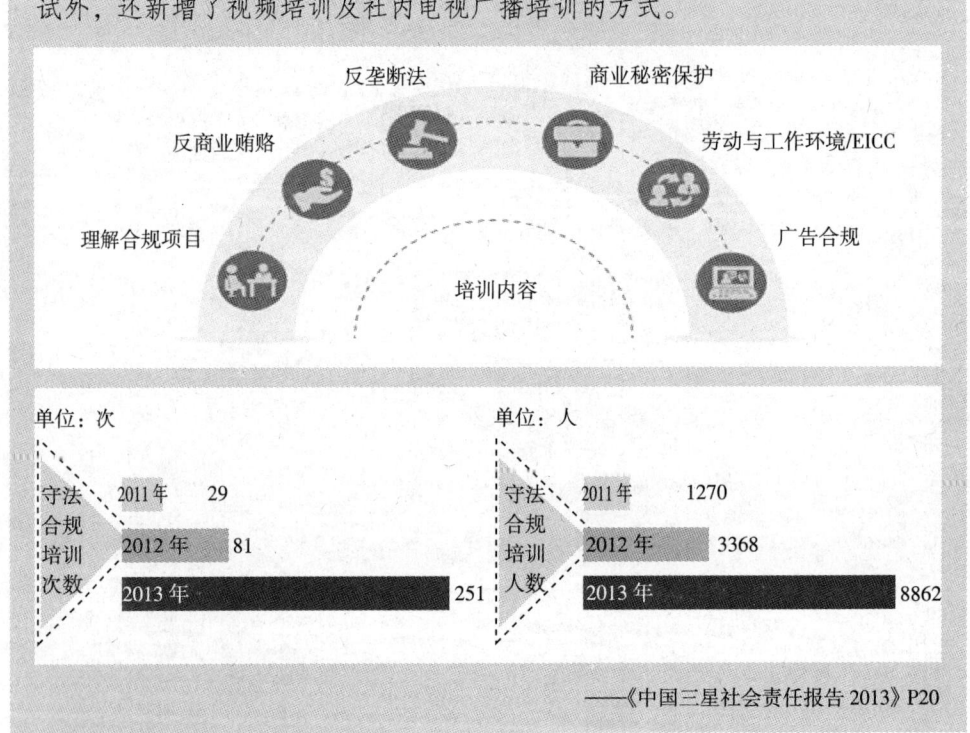

示例：

为增强员工的合规意识，中国三星针对不同的培训对象通过多种方式进行合规培训。2013年，除了采取传统的现场培训、在线培训及在线自我测试外，还新增了视频培训及社内电视广播培训的方式。

——《中国三星社会责任报告2013》P20

|核心指标| S1.3 禁止商业贿赂和商业腐败

指标解读：该指标主要描述企业在反腐败和反商业贿赂方面的制度和措施等。

（1）商业贿赂行为是不正当竞争行为的一种，是指经营者为销售或购买商品而采用财物或者其他手段贿赂对方单位或者个人的行为。

（2）商业腐败按对象可以划分为两种类型：一种是企业普通经营活动中的行贿受贿行为，即通常意义上的商业贿赂；另一种是经营主体为了赢得政府的交易机会或者是获得某种经营上的垄断特权而向政府官员提供贿赂。

示例：

建立廉洁的组织是三星集团长期坚持的企业文化。为贯彻三星集团"遵守法律和伦理道德、构建廉洁的组织文化"经营原则，2005年中国三星成立了监查部门，以预防和遏制公司内部发生的商业贿赂及腐败行为。公司要求员工以诚实正派的堂堂姿态获取顾客、客户和社会的信赖；要求员工拒绝腐败，不得采用不正当的方式为公司谋取利益或为个人谋取私利；要求员工遇有不正当行为应及时向公司报告。中国三星建立了透明、公开、独立的举报制度，任何员工认为自己的领导、同事或部门有任何违法、违纪嫌疑时，均可通过举报系统进行举报，公司保证员工不会因为举报而遭到报复。同时，任何与三星有合作关系的公司及其员工也可以通过电子邮箱、电话、传真等多种方式举报违法、违纪嫌疑事项。监查部门独立地对被举报事项进行调查，对于经调查核实的违法违纪行为，将根据法律法规和公司的政策对违法行为人给予相应的处分。

预防教育	制度支持	监督措施
通过反商业贿赂方面的培训向员工普及相关法律知识及公司的相关要求，并加强员工的廉洁意识	制定《三星员工行为规范》，明确规定了为防止商业贿赂和腐败行为员工在业务过程中所要遵循的行为准则	提供举报通道，员工一旦发现工作中存在任何涉及商业贿赂和腐败的行为，可以随时向公司报告，公司慎重对待每一个举报，经过查证后作出相关处理

中国三星通过建立严格的措施防范商业贿赂和腐改行为

——《中国三星社会责任报告2013》P23

扩展指标　S1.4 企业守法合规审核绩效

指标解读：该指标包括企业规章制度的法律审核率、企业经济合同的法律审核率和企业重要经营决策的法律审核率。

示例：

类　别	2011年	2012年	2013年
合同审核（个）	9481	17500	44132

——《中国三星社会责任报告2013》P22

2. 政策响应

核心指标　S1.5 响应国家政策

指标解读： 响应国家政策是企业回应政府期望与诉求的基本要求。

示例：

中国松下积极响应政府宏观政策要求，参与政府投融资平台建设，助力重大项目和民生工程，积极构建和谐政企关系。

——《中国松下企业社会责任报告2013》P56

核心指标　S1.6 纳税总额

指标解读： 依法纳税是纳税人的基本义务。

示例：

2013年，中国三星继续全面履行经济责任，在上缴税收方面做出应有贡献，境内电子法人纳税额达264亿元，较2012年增长69%。同时，积极吸纳并带动就业，2013年全年新增员工61060人。

类　别	2011年	2012年	2013年
纳税额（亿元）	108	156	319

——《中国三星社会责任报告2013》P25

核心指标　S1.7 确保就业及带动就业的政策与措施

指标解读： 促进经济发展与扩大就业相协调是社会和谐稳定的重要基础。根据《中华人民共和国就业促进法》（2007），"国家鼓励各类企业在法律、法规规定的范围内，通过兴办产业或者拓展经营，增加就业岗位"、"国家鼓励企业增加就业岗位，扶持失业人员和残疾人就业"。

> 核心指标　S1.8 报告期内吸纳就业人数

指标解读：企业在报告期内吸纳的就业人数包括但不限于应届毕业生、社会招聘人员、军转复原人员、农民工、劳务工等。

示例：

指　标	2011年	2012年	2013年
报告期内吸纳就业人数（人）	36077	22473	31281

——《中国松下企业社会责任报告2013》P90

（二）员工责任（S2）

员工责任主要包括员工基本权益保护、薪酬福利、平等雇用、职业健康与安全、职业发展和员工关爱六大板块，每个板块又分为若干指标。

1. 基本权益保护

> 核心指标　S2.1 劳动合同签订率

指标解读：劳动合同签订率指报告期内企业员工中签订劳动合同的比率。

示例：

指　标	2011年	2012年	2013年
劳动合同签订率（%）	97.25	97.83	98.83

——《LG（中国）社会责任报告2013》P28

> 核心指标　S2.2 民主管理

指标解读：根据《公司法》、《劳动法》、《劳动合同法》的规定，企业实行民主管理主要有三种形式：职工代表大会、厂务公开以及职工董事、职工监事等。此外，职工民主管理委员会、民主协商会、总经理信箱等也是民主管理的重要形式。

示例：

LG按照合法、有序、公开、公正的原则，建立以职工代表大会为基本形式的民主管理制度，实行厂务公开，推行民主管理。尊重和保障职工依法享有的知情权、参与权、表达权和监督权等民主权利,支持职工参加企业管理活动。

——《LG(中国)社会责任报告 2013》P31

扩展指标　S2.3 参加工会的员工比例

指标解读:根据《工会法》、《中国工会章程》等规定,所有符合条件的企业都应该依法成立工会,维护职工合法权益是工会的基本职责。

示例:

指　标	2011 年	2012 年	2013 年
参加工会员工比例(%)	96.4	95.5	96

——《中国三星社会责任报告 2013》P73

扩展指标　S2.4 通过申诉机制申请、处理和解决的员工申诉数量

指标解读:员工申诉是指员工在工作中认为受到不公正待遇或发现企业经营中不合规的行为等,通过正常的渠道反映其意见和建议。依据申诉对象的不同,员工申诉可分为企业内部申诉和企业外部申诉(劳动仲裁),该指标所指的员工申诉主要指企业内部申诉。

示例:

指　标	2011 年	2012 年	2013 年
通过员工申诉机制处理和解决的员工申诉数量(个)	291	650	1024

——《LG(中国)社会责任报告 2013》P28

扩展指标　S2.5 员工满意度

指标解读:员工满意度是指员工接受企业的实际感受与其期望值比较的程度。即员工满意度=实际感受/期望值。员工满意度也称雇员满意度,是企业的幸福指数,是企业管理的"晴雨表",是团队精神的一种参考。

示例：

指标	2011年	2012年	2013年
员工满意度（%）	95	95	96

——《LG（中国）社会责任报告2013》P28

扩展指标　S2.6 员工流失率

指标解读：员工年度流失率=年度离职人员总数/（年初员工总数+年度入职人员总数）

示例：

指标	2011年	2012年	2013年
员工流失率（%）	21.4	20.9	18.5

——《LG（中国）社会责任报告2013》P28

扩展指标　S2.7 兼职工、临时工和劳务派遣工权益保护

指标解读：劳务派遣工指与由劳动行政部门资质认定，经工商部门注册登记的劳务型公司签订劳动合同或劳务合同后向实际用工单位进行劳务输出，从事劳动服务的一种用工形式，劳动者与劳务型公司建立劳动关系或劳务关系，由劳务型公司按规定发放工资、缴纳社会保险费，劳动者与劳务输入的实际用人单位不发生劳动关系和劳务关系，只是从事劳动服务。兼职工、临时工和劳务派遣工的权益保护问题主要包括同工同酬、福利待遇、职业培训与发展等。

扩展指标　S2.8 保护员工个人信息和隐私

指标解读：员工具有工作隐私权，赋予雇员隐私权是对雇员人格尊严的尊重。企业应建立覆盖招聘、考核等各人力资源管理环节的隐私管理体系。

示例：

　　LG充分尊重员工的隐私，建立了完备的员工隐私保密制度，制定并实施《个人信息保护基准》。员工个人信息获取需经本人同意，在使用过程中予以加密。当公司需对个人信息继续保存时，应根据相关法律、依据法定期限，对其个人信息加以保存。

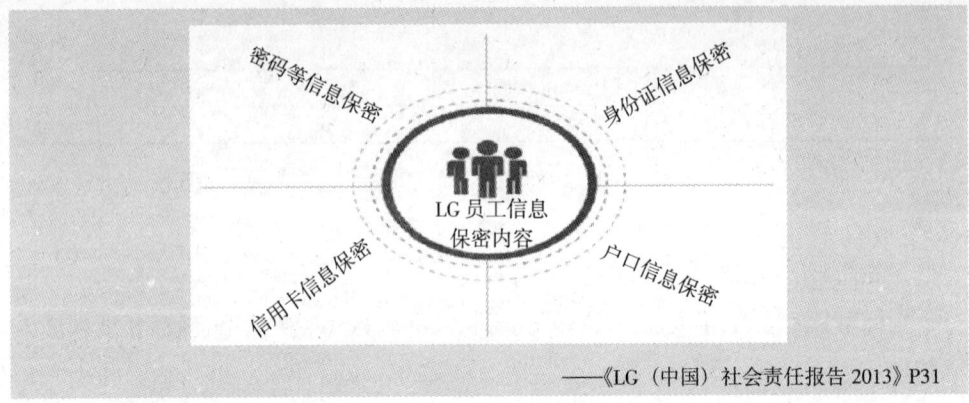

——《LG（中国）社会责任报告 2013》P31

2. 薪酬福利

核心指标　S2.9 向员工提供有竞争力的薪酬

指标解读：有竞争力的薪酬指企业根据自身经济效益的增长情况，根据科学的调薪机制，及时适当地调整薪酬，支付给运营地员工高于当地最低工资的薪酬。

员工最低工资是指劳动者在法定工作时间提供了正常劳动的前提下，其所在用人单位必须按法定最低标准支付的劳动报酬，其中不包括加班工资、特殊工作环境的津贴、法律法规和国家规定的劳动者福利待遇等。各地最低工资标准由省、自治区、直辖市人民政府规定。

示例：

中国三星根据企业经济效益的增长情况，进行年度薪酬调整，为员工提供有竞争力的薪酬。按照科学的调薪机制，每年对员工的薪酬进行上调。

——《中国三星社会责任报告 2013》P36

核心指标　S2.10 福利体系

指标解读：福利是员工的间接报酬，包括但不限于为减轻职工生活负担和保证职工基本生活而建立的各种补贴、为职工生活提供方便而建立的集体福利设施、为活跃职工文化生活而建立的各种文化体育设施等。

> **示例：**
> LG为员工建立完善的福利体系。公司与员工的劳动合同签订率达100%，社会保险覆盖率达100%。公司给予男性员工和女性员工同等的雇佣和晋升机会，实行男女同工同酬，不存在任何形式的性别歧视。员工超时工作享受平日1.5倍、双休日2倍、法定节假日3倍的工资补偿。
> LG不仅为员工提供基础性保障，还提供了完备贴心的福利安排。公司创建了员工爱心基金，为有困难的员工及家庭提供经济支持。
>
>
>
> 员工福利金字塔
>
> ——《LG（中国）社会责任报告2013》P32

核心指标 S2.11 社会保险覆盖率

指标解读： 该指标主要指企业正式员工中"五险一金"的覆盖比例。

> **示例：**
> 根据国家法律法规及地方法规，中国三星全体员工100%缴纳社会保险及住房公积金，并追加缴纳补充医疗保险、商业保险等。保证中国三星员工享受到更加多样、立体、全方位的保险制度。
>
> ——《中国三星社会责任报告2013》P36

扩展指标 S2.12 超时工作报酬

指标解读： 企业为超出法定工作时间而支付的报酬总额。其中法定工作时间由政府规定。

扩展指标 S2.13 每年人均带薪年休假天数

指标解读： 带薪年休假是指劳动者连续工作1年以上，就可以享受一定时间的带薪年假。其中，职工累计工作已满 1 年不满 10 年的，年休假 5 天；已满 10 年不满 20 年的，年休假 10 天；已满 20 年的，年休假 15 天。具体操作可参考 2007 年 12 月 7 日国务院第 198 次常务会议通过的《职工带薪年休假条例》。

示例：

指　标	2011 年	2012 年	2013 年
人均带薪休假天数（天）	6.4	6.4	7

——《中国三星社会责任报告 2013》P73

3. 平等雇用

核心指标　S2.14 女性管理者比例

指标解读：管理人员主要指具体从事经营管理的人员，包括各级经理人如规划计划、人力资源、市场营销、资本运营、财务审计、生产管理、法律事务、质量安全环保、行政管理等部门经理、主管等。

示例：

指　标	2011 年	2012 年	2013 年
女性管理者比例（%）	31.1	31.5	31.3

——《中国三星社会责任报告 2013》P73

扩展指标　S2.15 少数民族或其他种族员工比例

指标解读：该指标主要指公司内部正式员工中少数民族或其他种族员工所占比例。

示例：

指　标	2011 年	2012 年	2013 年
少数民族员工比例（%）	5.02	5.85	5.76

——《LG（中国）社会责任报告 2013》P28

扩展指标　S2.16 残疾人雇佣率或雇佣人数

指标解读：根据《中华人民共和国就业促进法》规定："国家保障残疾人的劳动权利，用人单位招用人员，不得歧视残疾人。"

示例：

指　标	2011 年	2012 年	2013 年
残疾人雇佣人数（人）	7	9	5

——《LG（中国）社会责任报告 2013》P28

4. 职业健康与安全

核心指标　S2.17 职业病防治制度

指标解读：企业需根据《中华人民共和国职业病防治法》以及《工作场所职业卫生监督管理规定》等政策法规，结合行业特征和企业实际，建立本企业的职业病防治制度。

示例：

　　LG 制定了严格的职业病防治工作制度、工伤预防制度与措施，确保防治工作有章可循，确保各级领导、部门都能重视职业病防治工作，各司其职、狠抓落实，确保职工在生产过程中严格遵守操作原则，做好安全防范措施。

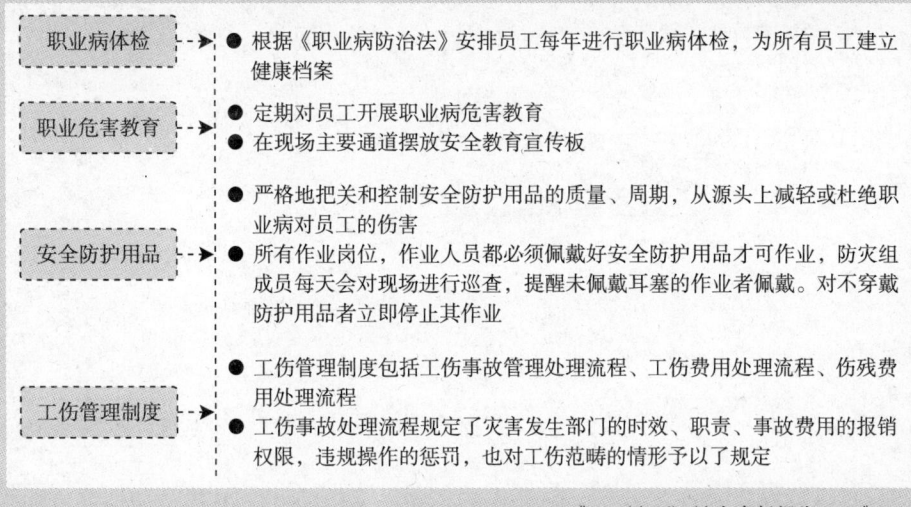

——《LG（中国）社会责任报告 2013》P36

扩展指标 S2.18 年度新增职业病和企业累计职业病数量

示例：

指　标	2011 年	2012 年	2013 年
新增职业病（个）	0	0	0

——《LG（中国）社会责任报告 2013》P36

核心指标 S2.19 安全生产管理体系

指标解读：该指标主要描述企业在建立安全生产组织体系、制定和实施安全生产制度、采取有效防护措施等，以确保员工安全的制度和措施。

示例：

LG 始终将安全生产置于首要位置，不断地加强和完善安全生产管理体系和安全应急管理机制。LG 中国通过了 ISO14001、OHSAS18001 体系的认证，并建立了 EESH（能源、环境、安全、健康）安全生产管理体系和 EESH 委员会。安全生产管理最终责任由最高管理者承担，EESH 委员会对公司的活动、设施和过程的重大危险因素进行识别，并明确从事管理、执行和验证工作人员的作用、职责和权限，形成文件，并予以沟通，确保生产安全。

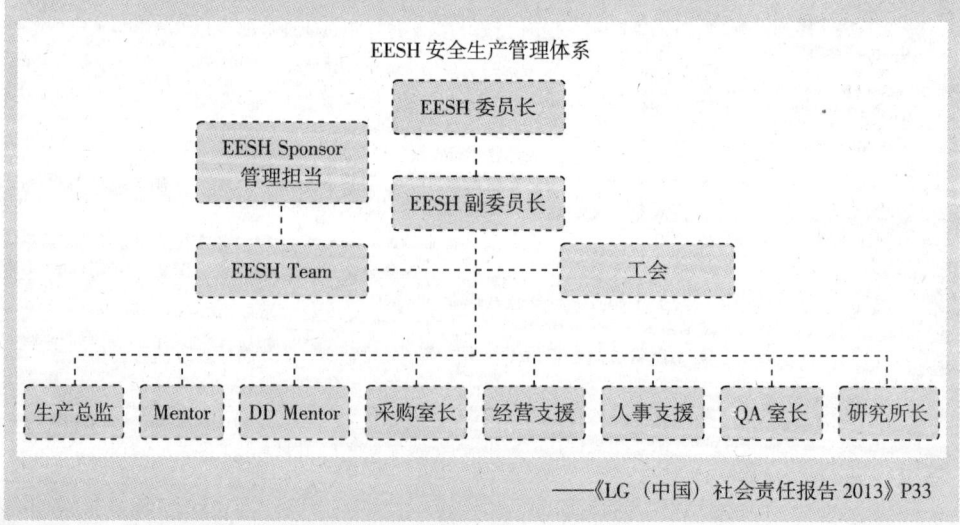

——《LG（中国）社会责任报告 2013》P33

|扩展指标| S2.20 工伤事故率

指标解读：该指标指企业在报告周期内发生的工伤事故数量或事故率。

> **示例：**
>
> 2013年，中国三星全部生产工厂发生工伤事故19起，工伤事故率0.02%。
>
> ——《中国三星社会责任报告2013》P31

|核心指标| S2.21 职业安全健康培训

指标解读：职业安全健康培训主要指企业针对员工开展的关于职业安全健康知识、预防等内容的培训。

> **示例：**
>
> 为提高员工的安全知识、安全技能及安全责任意识，各生产工厂开展了类型丰富的安全教育活动和安全文化建设活动。主要包括新员工安全教育、危险岗位安全教育以及企业负责人、安全管理人员教育等。2013年，中国三星各工厂累计开展安全教育培训1100多次，参加53万人次，全面覆盖每一位员工，并建立完善的安全培训绩效考核制度和体系。
>
> ——《中国三星社会责任报告2013》P31

|扩展指标| S2.22 安全应急管理机制

指标解读：该指标主要描述企业在建立应急管理组织、规范应急处理流程、制定应急预案，开展应急演练等方面的制度和措施。

> **示例：**
>
> LG建立安全应急管理机制旨在确保突发安全生产事故、事件发生时，得以有效、及时的应对和处理，确保在事故发生后快速、有效地实施救援，使事故产生的影响得以控制，把事故造成的损失或损害降到最小，从而保障可持续发展，为社会的安定做出贡献。同时，各法人都设立了安全应急领导小组，领导小组由主要领导和安全生产负责人、责任人组成，负责组织、指

	挥工作，必要时派人员赴现场履行职责。
报告和报警机制	确保事故发生的第一时间信息传达到领导小组。应急响应机制贯穿了事故部门、EESH、人事部门、经营支援等系统，通过协同处理的方式，确保事故得以处理、救援
分析和数据工作评价	安全事故发生后，领导小组将召集相关部门人员对事故进行分析，对救援和应急工作进行评价，提出预防措施和安全工作改进措施。并按照法律、法规做好事故的善后处理和家属的安抚工作。按照《安全生产事故责任追究制度》严肃处理事故责任人

——《LG（中国）社会责任报告 2013》P34

扩展指标　S2.23 员工心理健康制度和措施

指标解读：员工心理健康是企业成功的必要因素，企业有责任营造和谐的氛围，帮助员工保持心理健康。

示例：

中国松下大部分企业建立了员工心理健康咨询室，开展员工心理健康帮助计划；集团安全卫生管理委员会举办 EAP 研修，对人事责任者及安全卫生管理者进行相关培训，以了解员工心理变化，及时发现问题，对员工开展心理疏导和帮助，消除不安定因素。

——《中国松下企业社会责任报告 2013》P36

核心指标　S2.24 体检及健康档案覆盖率

指标解读：该指标指企业员工中年度体检的覆盖率和职业健康档案的覆盖率。

示例：

指标	2011 年	2012 年	2013 年
体检及健康档案覆盖率（%）	100	100	100

——《中国松下企业社会责任报告 2013》P90

5. 职业发展

核心指标　S2.25 员工职业发展通道

指标解读：职业通道是指一个员工的职业发展计划，职业通道模式主要分三类：单通道模式、双通道模式、多通道模式。按职业性质又可分为管理类、技术类、研发类职业通道。

示例：

中国松下为员工提供了"专家"和"管理者"双通道的发展方向。

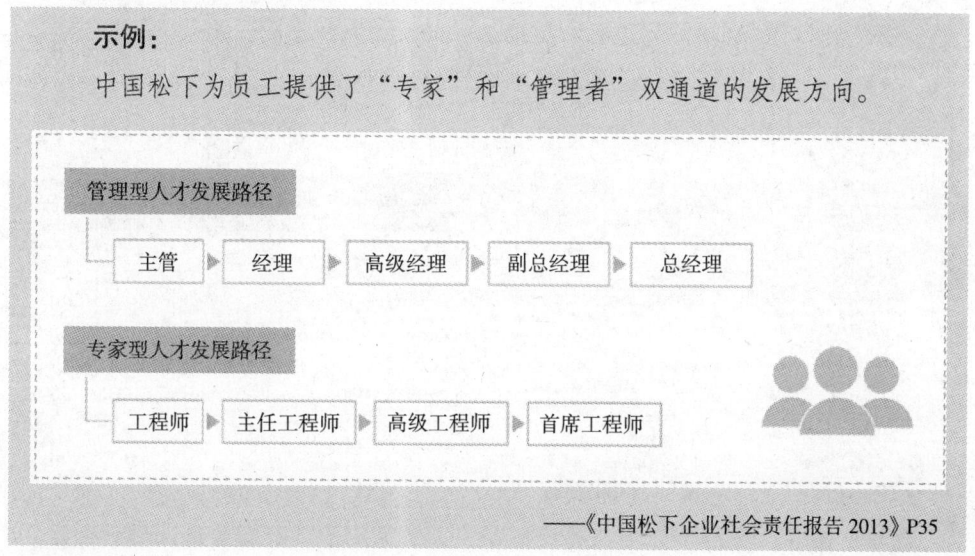

——《中国松下企业社会责任报告2013》P35

核心指标 S2.26 员工培训体系

指标解读：企业培训体系是指在企业内部建立一个系统的、与企业的发展以及员工个人成长相配套的培训管理体系、培训课程体系、培训师资体系以及培训实施体系。

示例：

中国松下的员工培训贯穿于员工入职后的每一个阶段。松下电器（中国）有限公司下属的人才开发公司，以培养中国松下集团开展经营所需要的管理、制造、技术、营销的本地人才为使命，把握和应对各公司对于经营本地化、设计本地化、强化制造现场力的需求，高效率地提供人才培养方面的支援，以构筑招聘、培养、任用相联动的人才培养系统为中期目标，在此系统中，人才开发公司作为地域共有的研修机构提供服务。

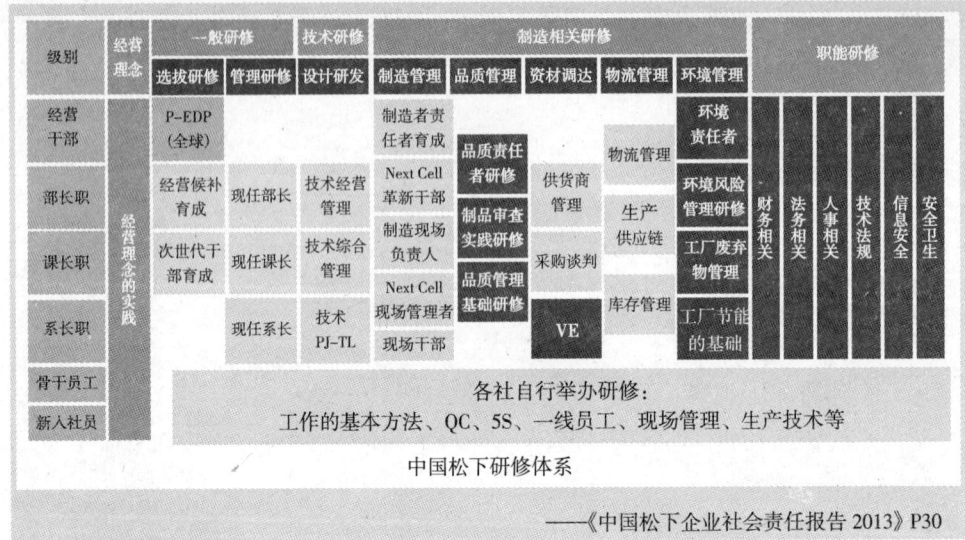

——《中国松下企业社会责任报告 2013》P30

核心指标 S2.27 员工培训绩效

指标解读：该指标主要包括人均培训投入、人均培训时间等培训绩效数据。

示例：

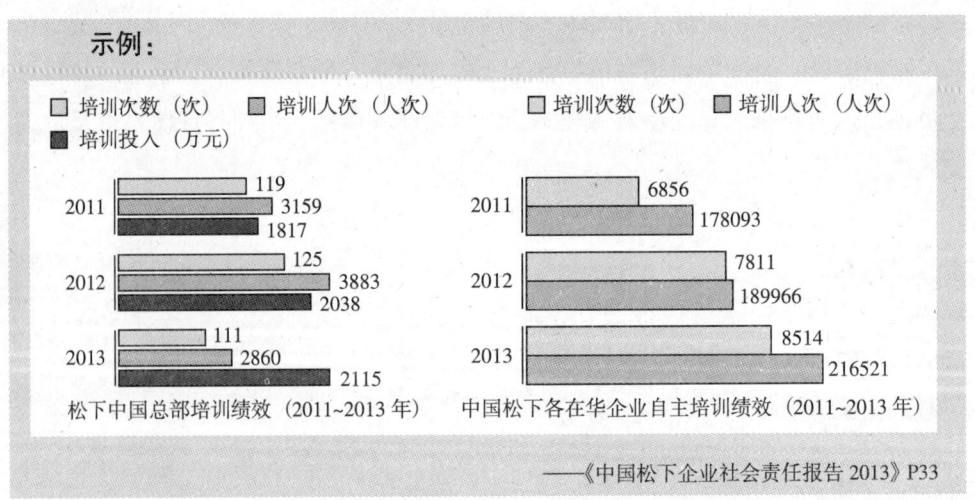

——《中国松下企业社会责任报告 2013》P33

6. 员工关爱

核心指标 S2.28 困难员工帮扶投入

指标解读：该指标主要指企业在帮扶困难员工方面的政策措施以及资金投入。

> **示例：**
> 中国三星以工会为主导，认真并加强履行工会的困难员工帮扶职能。对所属法人员工信息进行更为详尽的调查，充分及时掌握困难员工情况及动向，切实帮助部分职工有效解决实际困难和问题。2013年中国三星旗下的天津三星视界移动有限公司、天津三星电机有限公司、三星重工业宁波有限公司、三星电子（苏州）半导体有限公司等公司均将相当规模的资金作为困难员工帮扶专项资金。2013年中国三星困难员工帮扶投入的资金共计106万元。
> ——《中国三星社会责任报告2013》P38

扩展指标　S2.29 关爱特殊群体（如孕妇等）

指标解读： 该指标主要指企业为孕妇、哺乳妇女等特殊人群提供的保护设施、保护措施以及特殊福利待遇。

> **示例：**
> 中国三星从人事制度上规定并严格要求对女员工孕期、哺乳期进行特殊化照顾。如减少孕期、哺乳期员工的工作量、调换至相对轻松的工作岗位。定期进行孕期、哺乳期相关教育讲座、专家门诊、心理辅导等，并专门设置女员工休息室对特殊时期的女员工进行特殊关怀。每年的妇女节，中国三星所属各公司会举办丰富多彩的活动，为公司女员工庆祝这一节日。
> ——《中国三星社会责任报告2013》P38

核心指标　S2.30 确保员工工作和生活平衡

指标解读： 工作生活平衡，又称工作家庭平衡，是指企业帮助员工认识和正确看待家庭同工作间的关系，调和工作和家庭的矛盾，缓解由于工作家庭关系失衡而给员工造成压力。

> **示例：**
> 工作与生活的平衡是现代职场人格外重视并追求的目标。中国三星极力通过诸多措施帮助员工实现该目标。社内广播定期播放相关宣传资料，帮助员工认识和正确看待家庭与工作间的关系，调和工作与家庭的矛盾，缓解由

于工作家庭关系而给员工造成压力。

中国三星所属各分公司均每年组织多次家庭日活动,邀请员工家属亲临办公场所参观并体验员工的工作状况。定期举办亲子活动,为创造家庭同游的机会。三星集团有一个"潜规则",即每周三为家庭日。虽然,在公司规章制度中并未有该条款,但公司严格要求员工遵守该"潜规则"。每周三避免加班和应酬,准时下班并回家体验家庭快乐。

——《中国三星社会责任报告 2013》P38

(三) 社区责任 (S3)

社区责任主要包括本地化运营、社区发展和社会公益三个方面的内容,每个板块又分为若干指标。

1. 本地化运营

核心指标 S3.1 员工本地化政策

指标解读:员工本地化是指企业在运营过程中应优先雇用所在地劳动力。其中,员工本地化最重要的是管理层(尤其是高级管理层)的本地化。

> **示例:**
> 为了充分吸引中国的人才,从进入中国市场之初,LG电子就积极推进人才的本土化战略,为解决就业和培养人才进行了大量投资。LG电子持续强化本地化人才的建设工作,很多核心管理岗位由中国员工担任,充分发挥本土员工的智慧和能力。
>
> ——《LG(中国)社会责任报告 2013》P27

核心指标 S3.2 本地化雇佣比例

指标解读:该指标主要指本地员工占运营所在地机构员工的比例。

示例:

指标	2011年	2012年	2013年
本地化雇佣比例(%)	99	99	99

——《中国松下企业社会责任报告 2013》P90

|扩展指标| S3.3 高层管理者中本地人员比例

> **示例：**
> LG 电子在中国的全体员工中，中国员工占 98% 以上，公司的总监以及 Team 长、Part 长、Task Leader 由中国员工任职的比例占 33.42%。
>
> | 指 标 | 2011年 | 2012年 | 2013年 |
> | --- | --- | --- | --- |
> | 中国高层员工占比（%） | 34.23 | 35.1 | 33.42 |
>
> ——《LG（中国）社会责任报告 2013》P27~28

|扩展指标| S3.4 本地化采购政策

指标解读： 企业可通过支持社区成员创业、与社区成员共享企业的福利设施等形式，促进运营所在社区的经济社会发展。

> **示例：**
> 公司执行本地化采购政策，同等条件下优先采购本地供应商产品，促进运营地产业集群的可持续发展。
>
> ——《中国三星社会责任报告 2013》P63

2. 社区发展

|核心指标| S3.5 评估企业运营对社区发展的影响

指标解读： 企业在新进入或退出社区时，除进行纯商业分析之外，还应该预先进行社区环境和社会影响评价与分析，积极采纳当地政府、企业和居民的合理建议。

> **示例：**
> 公司高度重视与运营地的社会关系，在进入或退出社区时对社区环境和社会影响进行评估，公司新建项目 100% 执行环境评估，并在有条件的情况下积极开始社会影响评估。
>
> ——《中国三星社会责任报告 2013》P63

[核心指标] S3.6 新建项目执行环境和社会影响评估的比率

指标解读：在我国，企业新建项目必须执行环境评估，但执行社会影响评估的比率较少。

[核心指标] S3.7 社区代表参与项目建设或开发的机制

指标解读：企业新建项目时需建立与社区代表的定期沟通交流等机制，让社区代表参与项目建设与开发。

> 示例：
> 在项目建设和运营过程中积极听取当地社区的意见，邀请当地居民走进三星了解公司情况，对当地居民的意见和建议做出积极回应。
> ——《中国三星社会责任报告 2013》P63

[扩展指标] S3.8 企业开发或支持运营所在社区中具有社会效益的项目

指标解读：企业可通过支持社区成员创业、与社区成员共享企业的福利设施等形式，促进运营所在社区的经济社会发展。

> 示例：
> 办事处、工厂所在地对当地社会提供就业和培训岗位，并将公司内福利设施向社区开放与当地居民共享；积极与审核机构建立合作机制，进行产业帮扶，开展技术支持，促进当地社会和谐发展。
> ——《中国三星社会责任报告 2013》P63

3. 社会公益

[核心指标] S3.9 公益方针或主要公益领域

指标解读：该指标主要指企业的社会公益政策以及主要的公益投放领域。

> 示例：
> 松下电器以全球方针为基准，在"培养与共存"理念指导下，主要围绕"环境"和"下一代的教育支援"等重点领域展开社会贡献活动，在从事经

营活动的同时,回馈我们的社区。

——《中国松下企业社会责任报告 2013》P80

扩展指标 S3.10 公益基金或基金会

指标解读:该指标主要描述企业成立的公益基金或基金会,以及公益基金会或基金会的宗旨和运营领域。

示例:

为实现"共享企业的 CSR 资源和力量",中国三星积极与中国青少年发展基金会、中国残疾人基金会等专业基金会合作,发挥双方特长,设立专项基金,确保公益投入的科学性和可持续性。在企业内部,支持各生产法人发挥志愿精神,开展志愿者活动。

——《中国三星社会责任报告 2013》P64

核心指标 S3.11 捐赠总额

指标解读:该指标主要指企业年度资金捐助以及年度物资捐助总额。

示例:

指　标	2011 年	2012 年	2013 年
捐赠总额(千万元)	2882	2929	9443

——《中国三星社会责任报告 2013》P73

核心指标 S3.12 支持志愿者活动的政策、措施

指标解读:志愿服务是指不以获得报酬为目的,自愿奉献时间和智力、体力、技能等,帮助他人、服务社会的公益行为。

示例:

2008 年 4 月,LG 电子北京总部成立志愿者联盟,截至目前报名参加志愿者的员工达到 207 名,每月开展志愿活动。

活动范围包括:

专业培训	志愿者工作培训,如紧急救护、残疾人沟通、环境保护等
关爱弱势群体	组织志愿者服务流浪儿童、残疾人、老年人等
环境保护	组织志愿者在社内宣传环保理念,并开展环境保护活动
教育支援	与大学生开展系列互动活动,帮助解决学生就业道路上的困惑。累计服务时间达上千个小时

——《LG(中国)社会责任报告 2013》P61

核心指标 S3.13 员工志愿者活动绩效

指标解读:该指标主要指志愿者活动的时间、人次等数据。其中,志愿服务时间是指志愿者实际提供志愿服务的时间,以小时为计量单位,不包括往返交通时间。

示例:

指标	2011年	2012年	2013年
员工志愿者活动次数(次)	41	34	42
员工志愿者活动人次(人次)	1043	1497	3183

——《LG(中国)社会责任报告 2013》P62

扩展指标 S3.14 海外公益

指标解读:该指标主要指企业在中国大陆之外开展的公益活动和企业向中国大陆以外地区的捐赠等。

示例:

践行海外责任,做好世界公民。公司作为尼日利亚 OML130 项目的合作伙伴之一,积极履行社会责任,每年捐赠约 200 万美元,用于当地教育投入及人员培训;帮助建设 Neuro Psych 联邦中心诊所,并为当地提供医疗应急响应设备,捐赠艾滋病测试成套设备,供应重点护理设备和儿童特殊护理设备,提供救护车等。

——《中国海洋石油总公司可持续发展报告 2012》P71

五、环境绩效（E 系列）

环境绩效主要描述企业在节能减排、环境保护方面的责任贡献。家电制造行业的环境绩效责任主要包括环境管理、绿色运营和绿色产品三大板块。

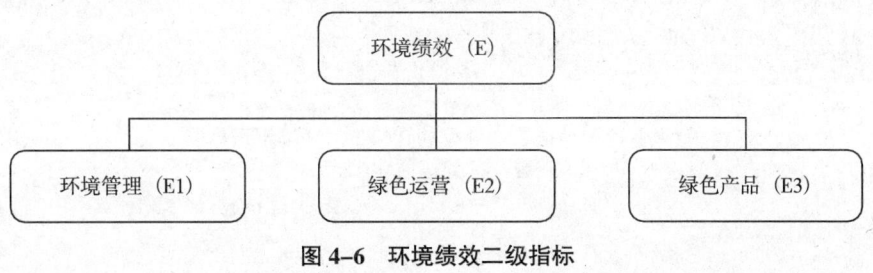

图 4-6 环境绩效二级指标

（一）环境管理（E1）

环境管理包括环境管理体系、环保培训、环境信息公开、环保公益四个板块，每个板块下有若干指标。

1. 环境管理体系

核心指标 　E1.1 建立环境管理组织体系和制度体系

指标解读：企业应建立环境管理组织负责公司的环境管理工作，并制定相应计划、执行、检查、改进等环境管理制度。

> **示例**：
>
> 松下电器将环境管理置于企业经营的重要位置，不断建立和健全环境经营体制机制，促进事业经营和环境保护协调发展。以 PDCA 模式持续推进包括二氧化碳削减、资源循环等多项环境目标的实现。
>
> 中国松下采用集团统一建立的环境绩效系统，各工厂定期上报能源使用量、废弃物/有价物产生量、化学物质排放/转移量和用水量等相关环境信息，在支撑集团全球环境战略的同时，通过环境绩效系统的实施，为 PDCA 模式

环境管理奠定坚实的数据基础。

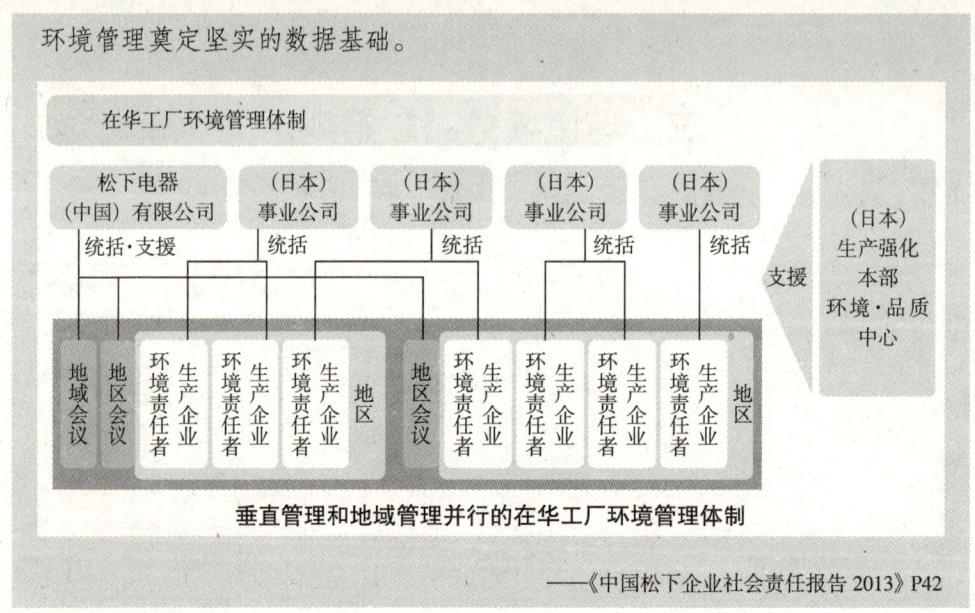

垂直管理和地域管理并行的在华工厂环境管理体制

——《中国松下企业社会责任报告 2013》P42

扩展指标　E1.2 环保预警及应急机制

指标解读：应建立环境预警机制，以识别、监测和评估潜在的事故或紧急情况，采取措施预防和减少可能的环境影响，针对各种环境事故制订并演练应急预案。

示例：

中国松下建立与集团和事业公司联动的环境风险管理体制，推进环境风险的定期筛选、风险管理和发现环境风险时的迅速应对机制，持续降低环境风险。为了实现环境风险的筛选与风险管理的推进，我们根据集团环境风险的发现事例以及风险评估的结果，筛选出需要管理的环境风险。同时，将这些环境风险按照"发现频率"和"对经营的影响度"划分等级。以风险等级高、应加强管理的重要主题为核心，制定并实施对策。

——《中国松下企业社会责任报告 2013》P44

扩展指标　E1.3 参与或加入的环保组织或倡议

指标解读：该指标包括两方面的内容，即企业加入的环保组织和企业参与的环保倡议。

> 示例:
>
> 2013年,由国家发展和改革委员会等多个部门联合主办的全国"低碳中国行"启动大会在北京举行。海尔作为家电行业唯一企业代表参会并成为全国低碳联盟的首批成员。海尔集团轮值总裁周云杰应邀出席并发言,分享了海尔在低碳环保领域的实践经验。
>
> ——《青岛海尔社会责任报告2013》P28

核心指标 E1.4 环保总投入

指标解读:该指标是指年度投入环境保护的资金总额。

> 示例:
>
> | 指 标 | 2011年 | 2012年 | 2013年 |
> |---|---|---|---|
> | 环保总投资(万元) | 1013.8 | 1118.1 | 1486.8 |
>
> ——《LG(中国)社会责任报告2013》P54

2. 环保培训

核心指标 E1.5 环保培训与宣传

指标解读:该指标是指企业对员工(利益相关方)开展的关于环境保护方面的培训或宣传活动。

> 示例:
>
> 中国松下根据岗位需求,每年派遣员工参加外部机构组织的环境培训。2013年,累计参训突破4万人次。同时,松下中国结合集团的环境管理要求和年度目标,每年有针对性地开展以学习环境基础知识为目的的"一般教育"和以加强、提高环境技能为目的的"专业教育"。
>
> ——《中国松下企业社会责任报告2013》P45

核心指标 E1.6 环保培训绩效

指标解读:该指标包括环保培训人数、环保培训投入、环保培训时间等。

示例：

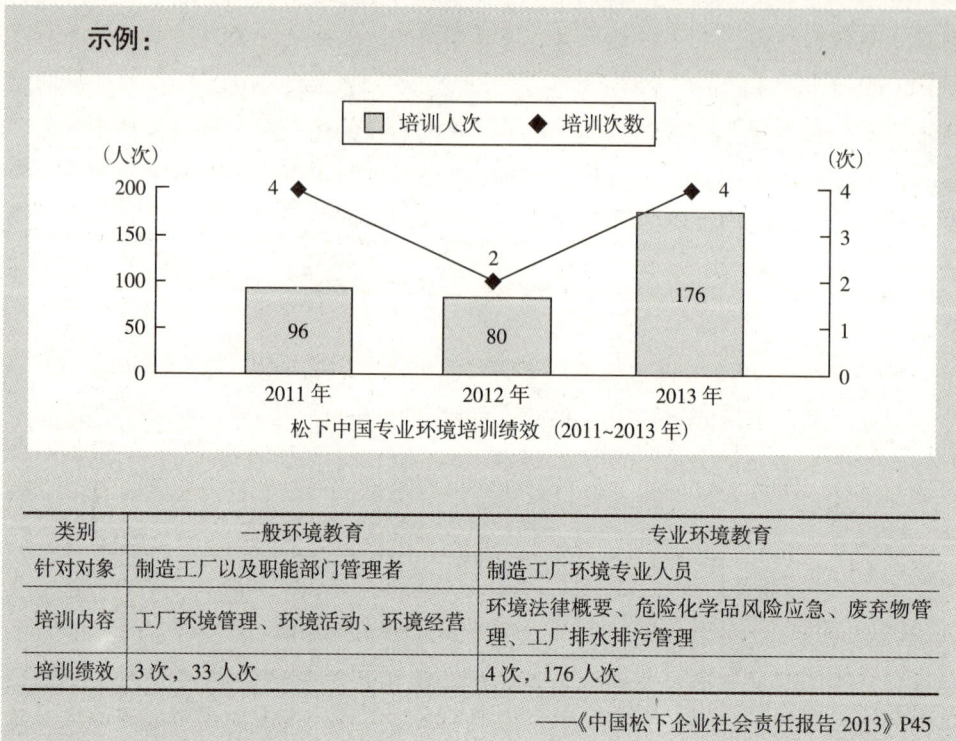

松下中国专业环境培训绩效（2011~2013年）

类别	一般环境教育	专业环境教育
针对对象	制造工厂以及职能部门管理者	制造工厂环境专业人员
培训内容	工厂环境管理、环境活动、环境经营	环境法律概要、危险化学品风险应急、废弃物管理、工厂排水排污管理
培训绩效	3次，33人次	4次，176人次

——《中国松下企业社会责任报告2013》P45

3. 环境信息公开

核心指标　E1.7 环境信息公开

指标解读：该指标指企业将其环境信息通过媒体、互联网等方式，或者通过公布企业年度环境报告的形式向社会公开。

企业应当按照自愿公开与强制性公开相结合的原则，及时、准确地公开企业环境信息。环境信息公开标准参照2007年原国家环保总局颁发的《环境信息公开办法（试行）》（总局令第35号）的管理规定执行。

根据相关规定，企业可自愿公开下列企业环境信息：

● 企业环境保护方针、年度环境保护目标及成效；

● 企业年度资源消耗总量；

● 企业环保投资和环境技术开发情况；

● 企业排放污染物种类、数量、浓度和去向；

● 企业环保设施的建设和运行情况；

● 企业在生产过程中产生的废物的处理、处置情况，废弃产品的回收、综合利用情况；
- 与环保部门签订的改善环境行为的自愿协议；
- 企业自愿公开的其他环境信息。

> **示例：**
> 为了让公众更好地了解中国三星的绿色经营，公司一直坚持环境信息公开。中国三星环境报告书和各生产工厂发布的环境报告书均可在中国三星绿色经营网站上下载。同时，三星网站还定期更新绿色经营中的各项主要活动，力求呈现给大家一个真实的绿色三星。
> ——《中国三星社会责任报告2013》P55

4. 环保公益

核心指标 E1.8 支持环保公益活动的措施和成效

指标解读： 环保公益活动是指企业出人、出物或出钱赞助和支持某项环保公益事业的活动。

成效是指企业在环保公益活动中投入的费用或参与环保公益活动的次数、人数等。

> **示例：**
> 中国三星不断开展各类环境保护宣传及绿色公益活动，向员工、外部公众推行环保理念、倡导绿色生活。三星旗下各个公司、办事处的员工用实际行动维护环境，为美化环境献出一份力。在中国总部的倡导下，中国境内的三星各公司在所属地区分别选择一条河、一个湖泊、一座山为美化对象，定期组织开展河道清理、捞水草、拾山中垃圾、放养鱼苗等一社一河、一湖、一山的美化活动。
> 2013年，中国内共进行359次活动，21026名员工参与环境保护活动。
> ——《中国三星社会责任报告2013》P61

（二）绿色运营（E2）

绿色运营主要包括化学物质管理、绿色采购、节能减排、绿色物流、绿色办公五个方面。

1. 化学物质管理

核心指标 E2.1 化学物质管理制度和措施

指标解读：化学物质管理是指企业对其生产以及销售的产品构成的零件、器件、材料等含有的相关化学物质（环境负荷物质）中禁止使用和需要管理的物质进行明确规定，使企业内部以及器件、零件、材料等的供应商彻底了解并遵守法令，以达到减轻环境负荷的目的。

> **示例：**
>
> 松下电器致力于在产品整个生命周期中最大限度减少可能对人类和环境造成不良影响的化学物质。颁布《化学物质管理等级准则》并持续更新，对产品和工厂的推进活动分别制定了禁止物质和管理物质方面的规定，同时也要求供应商严格遵守该规定。
>
> 为降低产品中化学物质对环境的影响，松下电器努力掌握化学物含有信息，并根据 RoHS 等相关法律法规的规定，指定禁止物质并实施严格的管理。同时，运用松下电器对产品所含化学物质外部影响的评估结果，不断开发和生产环境负荷低的产品。
>
> ——《中国松下企业社会责任报告 2013》P50

扩展指标 E2.2 加强有毒有害化学品（可以使用的情况下）的管理

指标解读：该指标是指企业对其生产以及销售的产品构成的零件、器件、材料等含有的并未在相关法律法规中禁止使用但会对人类健康和环境造成一定危险的物质进行管理，并逐步减少或停止使用。

此类物质包括氯化合物、石棉、有机锡化合物、甲醛、聚氯乙烯树脂、BFR、镍、砷、邻苯二甲酸盐、含氮化合物和其他可能破坏臭氧的物质等。

相关法律法规没有禁止使用但必须监管或减少的物质包括铍、锑、硒、钯、铋和其他绿色的阻燃剂等。

> **示例：**
>
> 从 2010 年 4 月开始，市面上销售的所有手机和 MP3 产品不再使用聚氯

乙烯（PVC）和溴化阻燃剂（BFRS）。2011年1月开始，研发的笔记本电脑产品均不含PVC和BFRS，2011年1月起，三星电子开始替代在电视、显示器和家庭影院中使用的PVC。

——《中国三星社会责任报告2013》P59

核心指标 E2.3 化学物质超标事故及应对

指标解读：如果报告期内企业发生化学物质超标事故，企业应在报告中进行如实披露，并详细披露事故的原因、现状和整改措施。

2. 绿色采购

核心指标 E2.4 供应商通过ISO14000环境管理体系认证的比例

指标解读：该指标指企业的供应商中通过ISO14000环境管理体系认证的比例。

示例：

指标	2011年	2012年	2013年
供应商通过ISO14000环境管理体系认证的比例（%）	55.2	43.2	42.8

——《LG（中国）社会责任报告2013》P51

扩展指标 E2.5 提升供应商环境保护意识和能力的措施

指标解读：该指标主要描述企业为其供应商提供环境保护相关内容的培训或宣传教育等活动。

示例：

松下电器从2009年开始与供应商共同开展"ECO·VC活动"。该活动以探讨松下如何实现采购部品和资材的环境负荷最小化、成本合理化和商品力强化为目标。活动采用前后对照形式进行归纳汇总，并在供应商表彰大会中对于优秀事例和提案予以表彰，实现优秀案例在事业领域间的共享。2013年中国地区"ECO·VC活动"评出金银铜奖各一名，鼓励奖五名。

——《中国松下企业社会责任报告2013》P59

> 扩展指标　E2.6 供应商受到环保方面处罚的个数和次数

指标解读：该指标指企业的供应商在报告期内受到来自企业与社会其他相关方的环境保护方面处罚的企业数和频率等。

3. 节能减排

> 核心指标　E2.7 节能减排政策措施

指标解读：该指标是指企业通过加强用能管理，从能源生产到消费的各个环节，降低消耗、减少损失、制止浪费，有效、合理地利用能源，以及减少企业生产废弃和污染物排放的政策和措施。

示例：

1. 提高资源使用效率

LG 电子不仅减小产品的质量和体积，而且通过使用自然或可循环利用材料来更有效地使用资源。

2. 减少使用有害材料

LG 电子禁止使用 6 种有害物质（铅、汞、镉、六价物质、铬和 PBB/PBDE），是用无卤阻燃剂并避免使用可能对人体有害的任何物质。

3. 提高能源效率

LG 电子遵守国际要求，通过减少电能消耗和待机点亮的使用来减少温室气体排放。

4. 提供循环利用能力

LG 电子选择使用易于循环利用的材料。再生产和设计阶段，LG 电子重点确保最终的产品可以轻松分级。之后，通过减少单个零件数来进一步提高循环利用能力。

——《LG（中国）社会责任报告 2013》P49

> 扩展指标　E2.8 节能减排管理体系

指标解读：节能减排管理体系指企业建立的节能减排组织负责部门的环境管理工作，并制定相应计划、执行、检查、改进等环境管理制度。

> **示例：**
> 中国三星为了减少碳排放建立了环保管理系统、促进和管理一切环保减排的目标和政策；生产运作时，对环境的伤害和风险减至最低；在主要的环节中减少对能源、原料、水等的消耗；确定要遵守所有相关的法律要求；提高所有员工对环保和减排的学习和重视；最大化有效地使用所有资源。建立一个良好的、有责任的环保形象企业。
>
> ——《中国三星社会责任报告2013》P57

核心指标 E2.9 单位产值能耗和能源节约量

指标解读：单位产值能耗是指报告期内企业综合能耗与报告期内净产值之比，通常以万元产能综合能耗/万元增加值综合能耗为单位进行计量。

能源节约量是指报告期内企业单位产值能源消耗量变化所实现的能源节约量。

> **示例：**
> 深圳中电桑飞智能照明科技有限公司以坚持绿色低碳生活为理念，研发绿色照明灯具，完善城市绿色照明系统，帮助城市减少能源消耗。以一个地级市更换桑飞照明产品15万盏400千瓦时传统照明灯具为例，每年可节约电能消耗13500万千瓦时，相当于节约20250吨标准煤（1万千瓦时折合1.5吨煤），相当于减少二氧化碳排放37500吨（1万千瓦时折合2.8吨二氧化碳）。
>
> ——《中国电子信息产业集团有限公司社会责任报告2013》P47

核心指标 E2.10 单位产值水耗和水资源节约量

指标解读：单位产值水耗是指报告期内企业综合水资源消耗与报告期内净产值之比，通常以万元产能综合水耗/万元增加值综合水耗为单位进行计量。

水资源节约量是指报告期内企业单位产值水资源消耗量变化所实现的水资源节约量。

> **示例：**
> 中国松下的工厂通过削减用水量和提升水循环利用率开展节水工作。每年制定单位产值用水量的降低指标，要求空调系统禁止直排，并且凭借循环

利用型设计使水资源得以再利用，减少新水消耗量及废水排放量，降低对水资源造成的负荷。

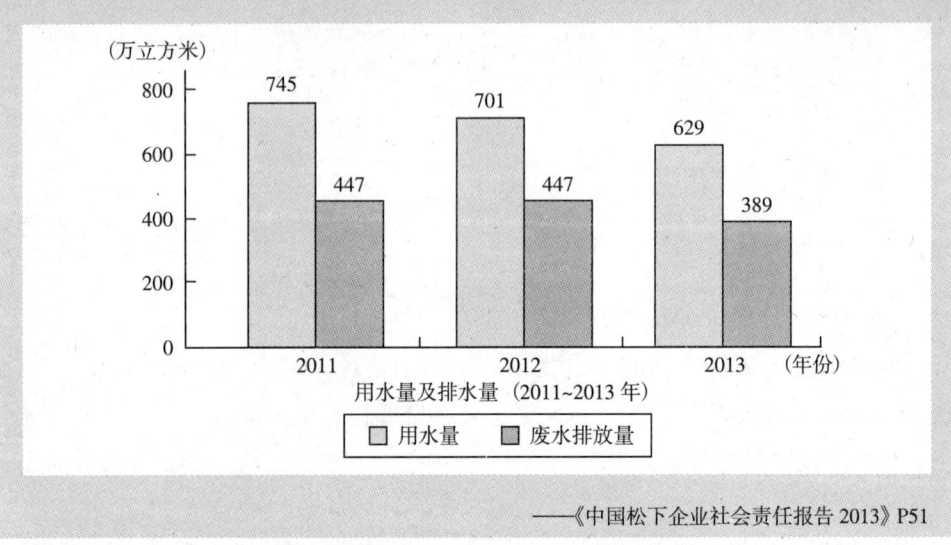

——《中国松下企业社会责任报告2013》P51

核心指标 E2.11 鼓励使用可再生能源的政策、措施或技术

指标解读：可再生能源是指风能、太阳能、水能、生物质能、地热能、海洋能等连续、可再生的非化石能源。

示例：

循环利用塑料，作为一种减少在开发和制造过程中生成的废物数量的方式，通常可以将资源浪费降到最低。LG电子鼓励增加循环利用塑料的使用，努力在所有产品中使用循环利用塑料。现在所有LG电子产品中循环利用塑料（后工业塑料）的使用率大约为11%。

——《LG（中国）社会责任报告2013》P50

核心指标 E2.12 温室气体（二氧化碳）排放量及减排量

指标解读：温室气体指任何会吸收和释放红外线辐射并存在大气中的气体。京都议定书中控制的6种温室气体为：二氧化碳（CO_2）、甲烷（CH_4）、氧化亚氮（N_2O）、氢氟碳化合物（HFCs）、全氟碳化合物（PFCs）、六氟化硫（SF_6）。温室气体排放量及减排量的计算可参考ISO14064温室气体排放核算、验证标准，也可参考国家相关机构发布的核算指南。

> **示例：**
>
> 中国松下通过持续改善节能体制、降低单位产值的二氧化碳排放量，通过技术改进和新能源的使用，努力实现生产活动中二氧化碳削减贡献量的最大化。2010年起通过推进"二氧化碳板粉"活动，横向推广削减事例以及培养专业人才等持续推进二氧化碳减排。
>
>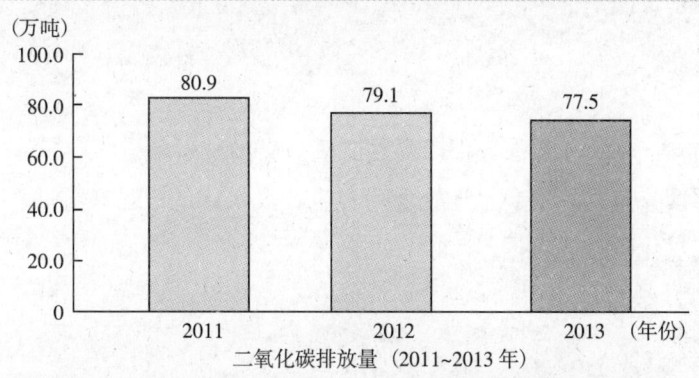
> 二氧化碳排放量（2011~2013年）
>
> 除二氧化碳外，中国松下工厂还积极监控PFCs（全氟化碳）、SF_6（六氟化硫）等其他主要温室气体的排放。
>
>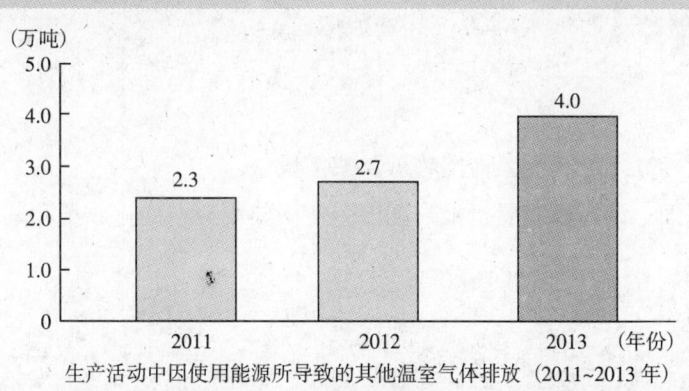
> 生产活动中因使用能源所导致的其他温室气体排放（2011~2013年）
>
> ——《中国松下企业社会责任报告2013》P48

扩展指标　E2.13 生产活动中的二氧化碳削减贡献量

指标解读：该指标主要描述企业通过各项技术减少在制造产品及其他的零件、器件、材料等时消耗能源所产生的二氧化碳数据。

> **示例：**
>
> 松下系统网络科技（苏州）有限公司通过在工厂屋顶安装约5000平方米的太阳能面板发电，为工厂提供部分电力。自2013年9月试运行以来8个月累计发电84698度。
>
> ——《中国松下企业社会责任报告2013》P48

扩展指标　E2.14 节能环保产品的二氧化碳削减贡献量

指标解读：该指标主要描述企业通过生产及销售的产品和零件、器件、材料等减少的二氧化碳排放数据。

> **示例：**
>
> 对于日益严格的能效法规三星不仅能够完全符合，更致力于研发、生产能效更高，待机能耗更低的产品。2012年，三星电子8大类产品的年耗电量，相比2008年平均降低31%，等同于产品使用阶段的累计碳排量5108万吨，与EM2013的目标8400万吨更加接近了。
>
> ——《中国三星社会责任报告2013》P58

核心指标　E2.15 废弃物排放量及减排量

指标解读：该指标主要指报告期内企业固体废弃物的排放量和减排量。

> **示例：**
>
> 松下电器将工厂内产生的废弃物·有价物划分为三类，并致力于在生产工序中提高材料的成品率以控制废弃物的产生量，同时通过进一步提高废弃物的再资源化量以实现最终处置量无限接近零的"工厂废弃物零排放"目标。2013年，通过组织地区间工厂围绕共同课题探讨解决方法和共享处置信息等持续推进提高废弃物循环利用率的活动。

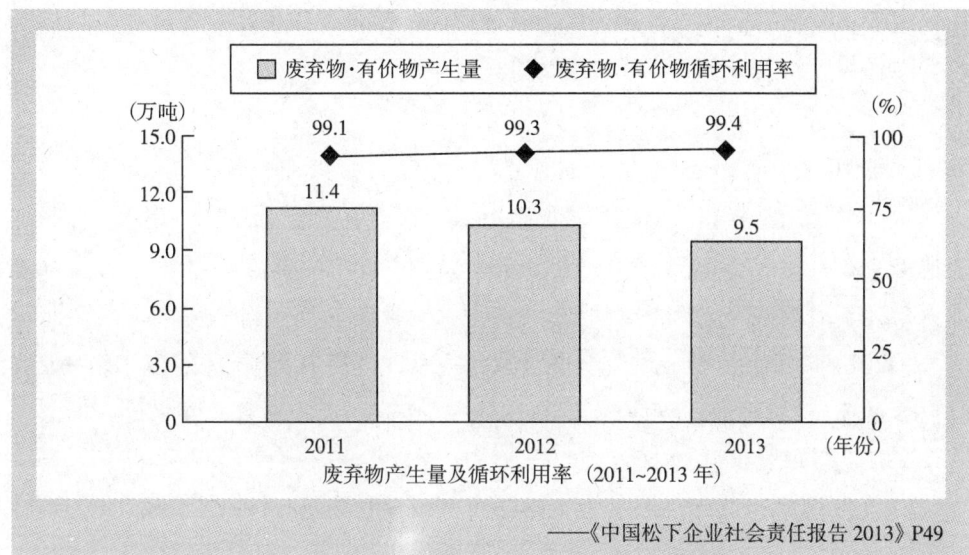

废弃物产生量及循环利用率（2011~2013年）

——《中国松下企业社会责任报告 2013》P49

核心指标　E2.16 废水排放量及减排量

指标解读：该指标主要指报告期内企业液体废弃物的排放量和减排量。

示例：

索尼集团大气污染物质、水污染物质排放情况（吨）

年度	NOX	SOX	BOD	COD
2007	182	35	205	113
2008	176	8	133	73
2009	174	11	141	39
2010	187	9	254	96
2011	163	9	252	62
2012	110	8	214	20

——《索尼（中国）企业社会责任报告 2013》P60

扩展指标　E2.17 发展循环经济政策措施

指标解读：根据《中华人民共和国循环经济促进法》（2008年颁布），循环经济是指在生产、流通和消费等过程中进行的减量化、再利用、资源化活动的总称。其中，减量化是指在生产、流通和消费等过程中减少资源消耗和废物产生；再利用是指将废物直接作为产品或者经修复、翻新、再制造后继续作为产品使用，或者将废物的全部或者部分作为其他产品的部件予以使用；资源化是指将废物直接作为原料进行利用或者对废物进行再生利用。

> **示例：**
>
> 针对关注度与日俱增的资源问题，松下电器将其置于了与应对气候变化同等重要的地位，积极推动"资源投入量的最小化、再生资源的最大化"，同时还通过建立资源回收利用工厂，为中国废家电的循环利用做贡献。此外，2013年松下中国还通过参与《废弃电器电子产品处理目录》(2014版)以及《废弃电器电子产品处理指导手册》的制定，为中国政府强化废弃电器电子产品管理献计献策。
>
> ——《中国松下企业社会责任报告 2013》P53

4. 绿色物流

核心指标 E2.18 绿色运输

指标解读：绿色物流是指在物流过程中抑制物流对环境造成危害的同时，实现对物流环境的净化，使物流资源得到最充分利用。它包括物流作业环节和物流管理全过程的绿色化。从物流作业环节来看，包括绿色运输、绿色包装、绿色流通加工等。从物流管理过程来看，主要是从环境保护和节约资源的目标出发，改进物流体系，既要考虑正向物流环节的绿色化，又要考虑供应链上的逆向物流体系的绿色化。绿色物流的最终目标是可持续性发展，实现该目标的准则是经济利益、社会利益和环境利益的统一。

> **示例：**
>
> 中国松下致力于防止气候变暖，降低环境负荷，在物流方面重点开展"转变运输模式"、"缩短运输距离"、"提高转载率"等活动。2013年，松下电器全球运输二氧化碳排放量为81万吨，其中中国占比约13%。松下电器全球的二氧化碳排放量原单位较2012年比削减了8%，较2005年比削减了40%。
>
> ——《中国松下企业社会责任报告 2013》P52

核心指标 E2.19 绿色包装

指标解读：该指标是指企业在进行产品包装是采取减量化包装、包装循环使用等方式，减小产品包装物对环境的影响。

> **示例**：
>
> 为了减少对环境的影响，中国松下在保证产品质量的同时，持续治理与削减瓦楞纸和泡沫聚苯乙烯的使用量，工厂间的运输使用可重复利用包装并注重提高运送货物时的装载能力。通过掌握物流情况和进行产品强度试验、包装试验等，提高所需部位的产品强度，选择并设计合适的缓冲材料，努力控制包装材料使用量的增加。
>
> 在循环型制造的过程中，积极地推进减少资源投入量的同时，加大再生资源的有效利用，根据资源的种类建立符合其特性的循环结构。中国松下通过调查各种资源的投入量，明确再生资源有效利用的课题。
>
> ——《中国松下企业社会责任报告 2013》P52

5. 绿色办公

核心指标 E2.20 绿色办公措施和绩效

指标解读：绿色办公措施，包括但不限于以下内容：
- 夏季空调温度不低于 26℃；
- 办公区采用节能灯具照明，且做到人走灯灭；
- 办公区生活用水回收再利用；
- 推广无纸化办公，且打印纸双面使用；
- 办公垃圾科学分类；
- 推行视频会议减少员工出行等。

绿色办公绩效包括办公用电量、用水量、用纸量以及垃圾处理量等方面的数据。

> **示例**：
>
> 2012 年，办公用品费用节约率达 13%；人均用电 9257（度/人），人均用纸 26.4（千克/人），人均用水 32.2（立方米/人）。总行及国内分支机构视

频设备覆盖率100%，并覆盖部分海外代表处、国别组。全年共召开视频会议476场，电话会议755场，分别同比增长12.3%和18.9%，视频会议参会人数达135865人次，相当于减少碳排放4168万吨。

——《国家开发银行可持续发展报告2012》P111

（三）绿色产品（E3）

绿色产品主要包括节能环保产品研发、废旧家电回收与利用、环保解决方案三个方面。

1. 节能环保产品

核心指标 E3.1 环保产品的研发与销售

指标解读：环保产品是指在其全生命周期中，即产品的生产、使用及处理过程中均符合环境保护要求、不危害人体健康，其垃圾无害或危害极小，有利于资源再生和回收利用。

> **示例：**
> 索尼致力于研发新型发电装置、再生材料、生物能材料和支撑环保生活方式的信息技术和媒体技术。索尼的目标不仅是制造功能强大、表现优越和质量可靠的产品，还根据自身拥有的环境保护标准，研发世界一流的环保产品，以提供能效、减少风险物质使用和最大限度降低产品对环境造成的影响。
> ——《索尼（中国）企业社会责任报告2013》P54

扩展指标 E3.2 环保产品销售比率

指标解读：该指标主要描述报告期内企业销售的环保产品数量占企业所有销售产品数量的比例。

示例:

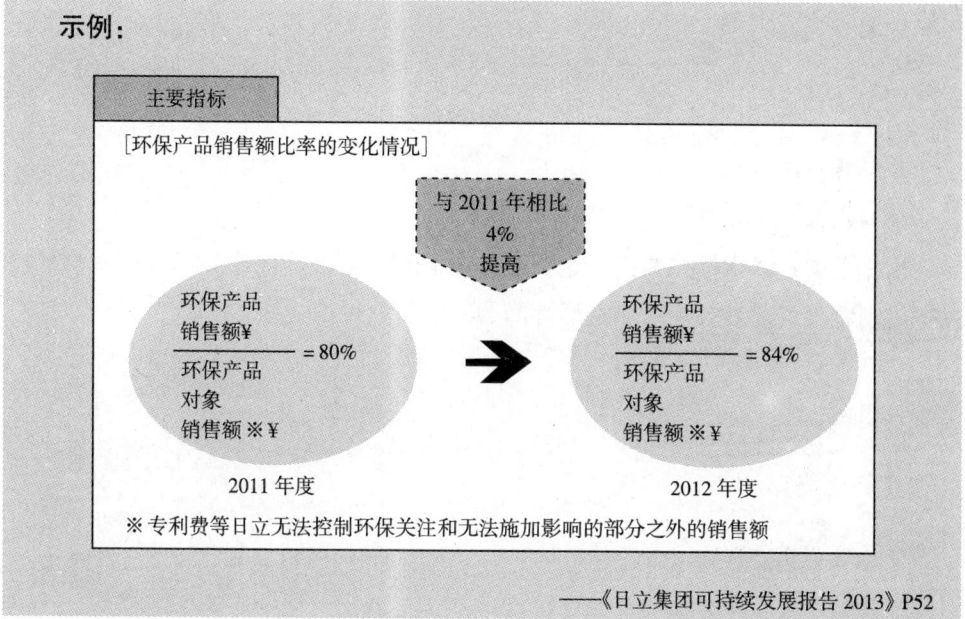

——《日立集团可持续发展报告2013》P52

扩展指标　E3.3 环保产品的增长率

指标解读:该指标主要描述报告期内企业销售的环保产品数量与之前相比的增长情况。

2.废旧家电回收与利用

核心指标　E3.4 废旧家电回收的措施和绩效

指标解读:该指标主要指在报告期内企业回收废旧家用电器产品的措施以及取得的成绩。

示例:

　　LG电子南京洗衣机法人根据工厂废气物特点,制定《废品及下脚料废品处理回收作业指导书》、《废弃部品回收处理作业指导书》及《纸箱包装物处理回收作业指导书》,并严格执行产品及包装回收的再利用处理。同时,设立废弃物回收中心,洗衣机箱体冲压废角料加工制成洗衣机护板等零部件厂内再利用,利用率达25%。并安排专员对所有废弃物进行分类分拣,具有再利用价值的废弃物由有废弃物回收资质的单位回收,不具有再利用价值的废弃物及生活垃圾由有资质单位运往指定的废弃物填埋场填埋,废弃物回收率达 85% 以上。

——《LG（中国）社会责任报告 2013》P50

3. 环保解决方案

[核心指标] E3.5 研发推广环保解决方案的措施和成效

指标解读：该指标主要描述企业通过研发和销售的环保产品以及使用的环境保护机制解决目前社会上的热点环境问题，以及取得的成绩。

示例：
日立集团融合 IT 技术于多领域业务，志在解决人类面临的地球环境问题和社会课题。

环境、能源课题

实现"可持续发展社会"是日立的环境经营所追求的目标，并以此作为日立的环境构想。作为其重要支柱之一的"防止地球温暖化"是通过事业为 CO_2 减排贡献力量。

技能产品·系统

提供低能耗产品和服务，为 CO_2 减排贡献力量。

发电系统

灵活运用风能、太阳能等自然能源。通过提高发电系统效率，控减 CO_2 排放量。

生物多样性问题/水、资源课题

为了留给后世子孙一个生活多样性完好的世界，我们要保护好生物栖息生存的生态系统。开展通过净化空气、水与土壤的事业，为保护生态系统做出贡献。

水环境解决方案

通过净化污水，淡化海水等各种水环境解决方案，竭尽提高水资源使用效率。

——《日立集团可持续发展报告 2013》P13

六、报告后记（A 系列）

报告后记部分主要包括对未来计划、报告评价、参考索引、读者意见反馈四个方面。

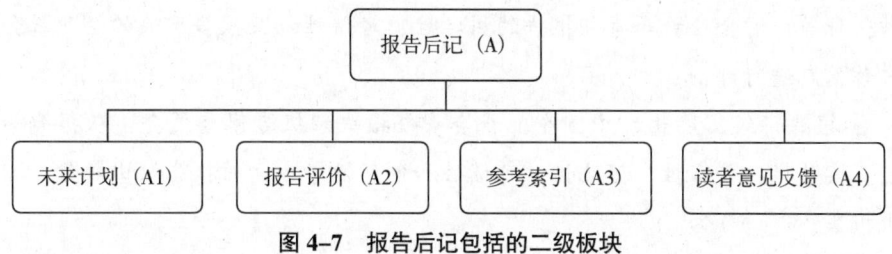

图 4-7　报告后记包括的二级板块

（一）未来计划

本部分主要描述企业对公司社会责任工作四个方面（责任管理、市场绩效、社会绩效和环境绩效）的展望与规划。

> **示例：**
>
> 2018 年，松下电器将迎来创业 100 周年，在新的时代背景下，我们始终不忘以生态文明和美丽中国建设为目标，更加积极地将在日本实践的智能生活街区建设成果，应用到中国的城市建设中来。助力绿色汽车产业发展、智能医疗、空气净化等各个领域，不断地将惊喜带给中国消费者。
>
> 同时，为实现 10 年间儿童环境教育 100 万人、植树 100 万棵；每年不低于 4000 人次的常青义教、义务扶贫落实，促使受益人群在 15000 人次以上等承诺而不懈努力；持续关注贫困大学生的资助、帮扶问题；同时，还将积极主动地开展各具特色的环保活动，加强包括与自然和谐共生发展的实质性课题研究在内的社会责任课题研究，进一步强化与社会团体、研究机构的紧密合作。恰逢松下中国事业 35 周年之际，我们愿意并必将为"美丽中国"再立新功！
>
> ——《中国松下企业社会责任报告 2013》P88

(二) 报告评价

报告评价主要指社会责任专家或行业专家，利益相关方或专业机构对报告的评价。报告评价主要有以下四种形式：

● 专家点评，即由社会责任研究专家或行业专家对企业社会责任报告的科学性、可信性以及报告反映的企业社会责任工作信息进行点评；

● 利益相关方评价，即由企业的利益相关方（股东、客户、供应商、员工、合作伙伴等）对企业社会责任报告的科学性、可信性以及报告反映的企业社会责任工作信息进行评价；

● 报告评级，即由"中国企业社会责任报告评级专家委员会"从报告的完整性、实质性、平衡性、可比性、可读性和创新性等方面对报告做出评价，出具评级报告；

● 报告审验，即由专业机构对企业社会责任报告进行审验。

(三) 参考索引

本部分主要描述企业对本报告编写参考指南的应用情况，即对本报告编写参考指南要求披露的各条信息企业进行披露的情况。

(四) 读者意见反馈

本部分主要内容为读者意见调查表，以及读者意见反馈的渠道。

示例：

为了持续改进××公司社会责任工作及社会责任报告编写工作，我们特别希望倾听您的意见和建议。请您协助完成意见反馈表中提出的相关问题，并传真到+86-××-××××××××。您也可以选择通过网络（http://www.×××.com）回答问题。

1. 报告整体评价（请在相应位置打"√"）

选项	很好	较好	一般	较差	很差
1. 本报告全面、准确地反映了××公司的社会责任工作现状					

续表

选项	很好	较好	一般	较差	很差
2. 本报告对利益相关方所关心的问题进行回应和披露					
3. 本报告披露的信息数据清晰、准确、完整					
4. 本报告的可读性,即报告的逻辑主线、内容设计、语言文字和版式设计					

2. 您认为本报告最让您满意的方面是什么?

3. 您认为还有哪些您需要了解的信息在本报告中没有反映?

4. 您对我们今后的社会责任工作及社会责任报告发布有何建议?

如果方便,请告诉我们有关您的信息:

姓　　名:

职　　业:

机　　构:

联系地址:

邮　　编:

E-mail:

电　　话:

传　　真:

我们的联系方式:

××公司××部门

中国××省(市)××区××路××号

邮政编码:××××××

电话:+86-××-××××××

传真:+86-××-××××××

E-mail:××@××.com

第五章 指标速查

一、行业特征指标表（20个）

指标名称	定性指标（●） 定量指标（⊕）	核心指标（★） 扩展指标（☆）
市场绩效（M系列）（11个）		
确保产品安全的制度和措施	●	★
产品安全隐患的排查	●/⊕	★
产品召回事件及成效	●/⊕	☆
针对客户需求的设计	●/⊕	★
针对特殊群体的产品设计和研发	●/⊕	☆
保修和三包政策	●	★
消费者产品和服务知识普及	●/⊕	★
确保产品和服务信息的真实和完整	●	☆
消费者投诉应对机制及投诉解决率	●/⊕	★
家电智能化的理念及路径	●	★
智能家居解决方案	●	☆
环境绩效（E系列）（9个）		
化学物质管理制度和措施	●/⊕	★
加强有毒有害化学品（可以使用的情况下）的管理	●/⊕	☆
化学物质超标事故及应对	●/⊕	★
单位产值能耗和能源节约量	⊕	★
单位产值水耗和水资源节约量	⊕	★
温室气体（二氧化碳）排放量及减排量	⊕	★
绿色包装	●	★
环保产品的研发与销售	●/⊕	★
废旧家电回收的措施和绩效	●/⊕	★

二、核心指标表（115个）

指标名称	定性指标（●） 定量指标（⊕）
第一部分：报告前言（P系列）（15个）	
（P1）报告规范	
P1.2 报告信息说明	●
P1.3 报告边界	●
P1.4 报告体系	●
P1.5 联系方式	●
（P2）报告流程	
P2.2 报告实质性议题选择程序	●
（P3）高管致辞	
P3.1 企业履行社会责任的机遇和挑战	●
P3.2 企业年度社会责任工作成绩与不足的概括总结	●
（P4）企业简介	
P4.1 企业名称、所有权性质及总部所在地	●
P4.2 企业主要品牌、产品及服务	●
P4.3 企业运营地域及运营架构，包括主要部门、运营企业、附属及合营机构	●
P4.4 按产业、顾客类型和地域划分的服务市场	●/⊕
P4.5 按雇用合同（正式员工和非正式员工）和性别分别报告从业员工总数	⊕
（P5）年度进展	
P5.1 年度社会责任重大工作	●/⊕
P5.2 年度责任绩效	⊕
P5.3 年度责任荣誉	●/⊕
第二部分：责任管理（G系列）（11个）	
（G1）责任战略	
G1.1 社会责任理念、愿景及价值观	●
G1.3 辨识企业的核心社会责任议题	●
（G2）责任治理	
G2.3 建立社会责任组织体系	●
G2.4 社会责任组织体系的职责与分工	●
（G4）责任绩效	
G4.4 企业在经济、社会或环境领域发生的重大事故，受到的影响和处罚以及企业的应对措施	●/⊕

续表

指标名称	定性指标（●） 定量指标（⊕）
(G5) 责任沟通	
G5.1 企业利益相关方名单	●
G5.3 利益相关方的关注点和企业的回应措施	●
G5.4 企业内部社会责任沟通机制	●
G5.5 企业外部社会责任沟通机制	●
G5.6 企业高层领导参与的社会责任沟通与交流活动	●/⊕
(G6) 责任能力	
G6.4 通过培训等手段培育负责任的企业文化	●/⊕
第三部分：市场绩效（M 系列）(34 个)	
(M1) 股东责任	
1. 公司治理	
M1.1 股东参与企业治理的政策和机制	●
M1.2 保护中小投资者权益	●
M1.3 规范信息披露	●/⊕
2. 经营业绩	
M1.4 成长性	⊕
M1.5 收益性	⊕
M1.6 安全性	⊕
(M2) 消费者责任	
1. 产品质量与安全	
M2.1 产品质量管理体系	●
M2.2 确保产品安全的制度和措施	●
M2.4 家电安全隐患的排查	●/⊕
2. 研发创新	
M2.6 支持产品和服务创新的制度	●
M2.7 研发投入	●/⊕
M2.8 研发人员数量及比例	⊕
M2.9 新增专利数	⊕
M2.10 新产品销售额	⊕
M2.11 针对客户需求的设计	●/⊕
3. 销售及售后服务	
M2.13 消费者服务管理体系	●
M2.14 提供多样化的消费者服务渠道	●
M2.15 服务网点个数及覆盖率	⊕
M2.16 保修和"三包"政策	●
M2.17 消费者产品和服务知识普及	●/⊕
M2.19 消费者满意调查及满意度	●/⊕

续表

指标名称	定性指标（●） 定量指标（⊕）
M2.20 消费者投诉应对机制及投诉解决率	●/⊕
M2.21 确保消费者信息安全的制度与措施	●
（M3）伙伴责任	
1. 价值链管理	
M3.1 战略共享机制及平台	●
M3.2 促进价值链履行社会责任方面的倡议和政策	●
M3.3 对价值链伙伴开展社会责任能力建设和培训	●/⊕
2. 责任采购	
M3.5 责任采购的制度和措施	●
3. 合规管理	
M3.10 诚信经营的理念与制度保障	●
M3.11 公平竞争的理念及制度保障	●
（M4）信息技术应用	
1. 智能家电	
M4.1 家电智能化的理念及路径	●
M4.2 智能家电类型	●/⊕
M4.3 智能家电体验和试用的措施和成效	●/⊕
M4.4 智能家电用户满意度调查与满意度	●/⊕
2. 互联网平台应用	
M4.5 通过互联网实现与用户交互	●
第四部分：社会绩效（S系列）(30个)	
（S1）政府责任	
1. 守法合规	
S1.1 企业守法合规体系	●
S1.2 守法合规培训	●/⊕
S1.3 禁止商业贿赂和商业腐败	●
2. 政策响应	
S1.5 响应国家政策	●
S1.6 纳税总额	⊕
S1.7 确保就业及带动就业的政策与措施	●
S1.8 报告期内吸纳就业人数	⊕
（S2）员工责任	
1. 基本权益保护	
S2.1 劳动合同签订率	⊕
S2.2 民主管理	●
2. 薪酬福利	
S2.9 向员工提供有竞争力的薪酬	●

续表

指标名称	定性指标（●） 定量指标（⊕）
S2.10 福利体系	●
S2.11 社会保险覆盖率	⊕
3. 平等雇用	
S2.14 女性管理者比例	⊕
4. 职业健康与安全	
S2.17 职业病防治制度	●
S2.19 安全生产管理体系	●
S2.21 职业安全健康培训	●/⊕
S2.24 体检及健康档案覆盖率	⊕
5. 职业发展	
S2.25 员工职业发展通道	●
S2.26 员工培训体系	●
S2.27 员工培训绩效	⊕
6. 员工关爱	
S2.28 困难员工帮扶投入	●/⊕
S2.30 确保员工工作和生活平衡	●
(S3) 社区责任	
1. 本地化运营	
S3.1 员工本地化政策	●
S3.2 本地化雇佣比例	⊕
2. 社区发展	
S3.5 评估企业运营对社区发展的影响	●
S3.6 新建项目执行环境和社会影响评估的比率	⊕
3. 社会公益	
S3.9 公益方针或主要公益领域	●
S3.11 捐献总额	⊕
S3.12 支持志愿者活动的政策、措施	●
S3.13 员工志愿者活动绩效	⊕
第五部分：环境绩效（E系列）(22个)	
(E1) 环境管理	
1. 环境管理体系	
E1.1 建立环境管理组织体系和制度体系	●
E1.4 环保总投入	⊕
2. 环保培训	
E1.5 环保培训与宣传	●
E1.6 环保培训绩效	⊕
3. 环境信息公开	

指标名称	定性指标（●） 定量指标（⊕）
E1.7 环境信息公开	●
4. 环保公益	
E1.8 支持环保公益活动的措施和成效	●/⊕
（E2）绿色运营	
1. 化学物质管理	
E2.1 化学物质管理制度和措施	●/⊕
E2.3 化学物质超标事故及应对	●/⊕
2. 绿色采购	
E2.4 供应商通过 ISO14000 环境管理体系认证的比例	⊕
3. 节能减排	
E2.7 节能减排政策措施	●
E2.9 单位产值能耗和能源节约量	⊕
E2.10 单位产值水耗及水资源节约量	⊕
E2.11 鼓励使用可再生能源的政策、措施或技术	●
E2.12 温室气体（二氧化碳）排放量及减排量	⊕
E2.15 废弃物排放量及减排量	⊕
E2.16 废水排放量及减排量	⊕
4. 绿色物流	
E2.18 绿色运输	●
E2.19 绿色包装	●/⊕
5. 绿色办公	
E2.20 绿色办公措施和绩效	●
（E3）绿色产品	
1. 节能环保产品	
E3.1 环保产品的研发与销售	●/⊕
2. 废旧家电回收利用	
E3.4 废旧家电回收的措施和绩效	●/⊕
3. 环保解决方案	
E3.5 研发推广环保解决方案的措施和成效	●/⊕
第六部分：报告后记（A 系列）(3 个)	
(A1) 未来计划：公司对社会责任工作的规划	●/⊕
(A2) 报告评价：社会责任专家或行业专家、利益相关方或专业机构对报告的评价	●
(A4) 读者意见反馈：读者意见调查表及读者意见反馈渠道	●

三、通用指标表（180个）

指标名称	定性指标（●） 定量指标（⊕）	核心指标（★） 扩展指标（☆）
第一部分：报告前言（P系列）(20个)		
（P1）报告规范		
P1.1 报告质量保证程序	●	☆
P1.2 报告信息说明	●	★
P1.3 报告边界	●	★
P1.4 报告体系	●	★
P1.5 联系方式	●	★
（P2）报告流程		
P2.1 报告编写流程	●	☆
P2.2 报告实质性议题选择程序	●	★
P2.3 利益相关方参与报告编写过程的程序和方式	●	☆
（P3）高管致辞		
P3.1 企业履行社会责任的机遇和挑战	●	★
P3.2 企业年度社会责任工作成绩与不足的概括总结	●	★
（P4）企业简介		
P4.1 企业名称、所有权性质及总部所在地	●	★
P4.2 企业主要品牌、产品及服务	●	★
P4.3 企业运营地域及运营架构，包括主要部门、运营企业、附属及合营机构	●	★
P4.4 按产业、顾客类型和地域划分的服务市场	●/⊕	★
P4.5 按雇用合同（正式员工和非正式员工）和性别分别报告从业员工总数	⊕	★
P4.6 列举企业在协会、国家组织或国际组织中的会员资格或其他身份	●	★
P4.7 报告期内关于组织规模、结构、所有权或供应链的重大变化	●	☆
（P5）年度进展		
P5.1 年度社会责任重大工作	●/⊕	★
P5.2 年度责任绩效	⊕	★
P5.3 年度责任荣誉	●/⊕	★
第二部分：责任管理（G系列）(25个)		
（G1）责任战略		
G1.1 社会责任理念、愿景及价值观	●	★

续表

指标名称	定性指标（●） 定量指标（⊕）	核心指标（★） 扩展指标（☆）
G1.2 企业签署的外部社会责任倡议	●	☆
G1.3 辨识企业的核心社会责任议题	●	★
G1.4 企业社会责任规划	●/⊕	☆
（G2）责任治理		
G2.1 社会责任领导机构	●	☆
G2.2 利益相关方与企业最高治理机构之间沟通的渠道或程序	●	☆
G2.3 建立社会责任组织体系	●	★
G2.4 社会责任组织体系的职责与分工	●	★
G2.5 社会责任管理制度	●	☆
（G3）责任融合		
G3.1 推进下属企业社会责任工作	●/⊕	☆
G3.2 推动供应链合作伙伴履行社会责任	●/⊕	☆
（G4）责任绩效		
G4.1 构建企业社会责任指标体系	●	☆
G4.2 依据企业社会责任指标进行绩效评估	●/⊕	☆
G4.3 企业社会责任优秀评选	●	☆
G4.4 企业在经济、社会或环境领域发生的重大事故，受到的影响和处罚以及企业的应对措施	●/⊕	★
（G5）责任沟通		
G5.1 企业利益相关方名单	●	★
G5.2 识别及选择利益相关方的程序	●	☆
G5.3 利益相关方的关注点和企业的回应措施	●	★
G5.4 企业内部社会责任沟通机制	●	★
G5.5 企业外部社会责任沟通机制	●	★
G5.6 企业高层领导参与的社会责任沟通与交流活动	●/⊕	★
（G6）责任能力		
G6.1 开展 CSR 课题研究	●	☆
G6.2 参与社会责任研究和交流	●	☆
G6.3 参加国内外社会责任标准的制定	●	☆
G6.4 通过培训等手段培育负责任的企业文化	●/⊕	★
第三部分：市场绩效（M 系列）（46 个）		
（M1）股东责任		
1. 公司治理		
M1.1 股东参与企业治理的政策和机制	●	★
M1.2 保护中小投资者权益	●	★
M1.3 规范信息披露	●/⊕	★
2. 经营业绩		

续表

指标名称	定性指标（●） 定量指标（⊕）	核心指标（★） 扩展指标（☆）
M1.4 成长性	⊕	★
M1.5 收益性	⊕	★
M1.6 安全性	⊕	★
(M2) 消费者责任		
1. 产品质量与安全		
M2.1 产品质量管理体系	●	★
M2.2 确保产品安全的制度和措施	●	★
M2.3 产品安全文化	●	☆
M2.4 家电安全隐患的排查	●/⊕	★
M2.5 产品召回事件及成效	●/⊕	☆
2. 研发创新		
M2.6 支持产品和服务创新的制度	●	★
M2.7 研发投入	●/⊕	★
M2.8 研发人员数量及比例	⊕	★
M2.9 新增专利数	⊕	★
M2.10 新产品销售额	⊕	★
M2.11 针对客户需求的设计	●/⊕	★
M2.12 针对特殊群体的产品设计和研发	●/⊕	☆
3. 销售及售后服务		
M2.13 消费者服务管理体系	●	★
M2.14 提供多样化的消费者服务渠道	●	★
M2.15 服务网点个数及覆盖率	⊕	★
M2.16 保修和"三包"政策	●	★
M2.17 消费者产品和服务知识普及	●/⊕	★
M2.18 确保产品和服务信息的真实和完整	●	☆
M2.19 消费者满意调查及满意度	●/⊕	★
M2.20 消费者投诉应对机制及投诉解决率	●/⊕	★
M2.21 确保消费者信息安全的制度与措施	●	★
(M3) 伙伴责任		
1. 价值链管理		
M3.1 战略共享机制及平台	●	★
M3.2 促进价值链履行社会责任方面的倡议和政策	●	★
M3.3 对价值链伙伴开展社会责任能力建设和培训	●/⊕	★
M3.4 价值链社会责任评估和调查的措施及绩效	●/⊕	☆
2. 责任采购		
M3.5 责任采购的制度和措施	●	★
M3.6 供应商通过质量、环境和职业健康安全管理体系认证的比率	⊕	☆

续表

指标名称	定性指标（●） 定量指标（⊕）	核心指标（★） 扩展指标（☆）
M3.7 供应商受到经济、社会或环境方面处罚的个数/次数	⊕	☆
M3.8 受处罚供应商整改比例	●/⊕	☆
M3.9 责任采购比率	⊕	☆
3. 合规管理		
M3.10 诚信经营的理念与制度保障	●	★
M3.11 公平竞争的理念及制度保障	●	★
M3.12 经济合同履约率	⊕	☆
（M4）信息技术应用		
1. 智能家电		
M4.1 家电智能化的理念及路径	●	★
M4.2 智能家电类型	●/⊕	★
M4.3 智能家电体验和试用的措施和成效	●/⊕	★
M4.4 智能家电用户满意度调查与满意度	●/⊕	★
2. 互联网平台应用		
M4.5 通过互联网实现与用户交互	●	★
M4.6 智能家居解决方案	●	☆
M4.7 参与建设"智慧城市"	●	☆
第四部分：社会绩效（S系列）(52个)		
（S1）政府责任		
1. 守法合规		
S1.1 企业守法合规体系	●	★
S1.2 守法合规培训	●/⊕	★
S1.3 禁止商业贿赂和商业腐败	●	★
S1.4 企业守法合规审核绩效	⊕	☆
2. 政策响应		
S1.5 响应国家政策	●	★
S1.6 纳税总额	⊕	★
S1.7 确保就业及带动就业的政策与措施	●	★
S1.8 报告期内吸纳就业人数	⊕	★
（S2）员工责任		
1. 基本权益保护		
S2.1 劳动合同签订率	⊕	★
S2.2 民主管理	●	★
S2.3 参加工会的员工比例	⊕	☆
S2.4 通过申诉机制申请、处理和解决员工申诉数量	●/⊕	☆
S2.5 员工满意度	⊕	☆
S2.6 员工流失率	⊕	☆

续表

指标名称	定性指标（●） 定量指标（⊕）	核心指标（★） 扩展指标（☆）
S2.7 兼职工、临时工和劳务派遣工权益保护	●	☆
S2.8 保护员工个人信息和隐私	●	☆
2. 薪酬福利		
S2.9 向员工提供有竞争力的薪酬	●	★
S2.10 福利体系	●	★
S2.11 社会保险覆盖率	⊕	★
S2.12 超时工作报酬	⊕	☆
S2.13 每年人均带薪年休假天数	⊕	☆
3. 平等雇用		
S2.14 女性管理者比例	⊕	★
S2.15 少数民族或其他种族员工比例	⊕	☆
S2.16 残疾人雇佣率或雇佣人数	⊕	☆
4. 职业健康与安全		
S2.17 职业病防治制度	●	★
S2.18 年度新增职业病和企业累计职业病数量	⊕	☆
S2.19 安全生产管理体系	●	★
S2.20 工伤事故率	⊕	☆
S2.21 职业安全健康培训	●/⊕	★
S2.22 安全应急管理机制	●/⊕	☆
S2.23 员工心理健康制度和措施	●	☆
S2.24 体检及健康档案覆盖率	●/⊕	★
5. 职业发展		
S2.25 员工职业发展通道	●	★
S2.26 员工培训体系	●	★
S2.27 员工培训绩效	⊕	★
6. 员工关爱		
S2.28 困难员工帮扶投入	⊕	★
S2.29 关爱特殊群体（如孕妇等）	●	☆
S2.30 确保员工工作和生活平衡	●	★
(S3) 社区责任		
1. 本地化运营		
S3.1 员工本地化政策	●	★
S3.2 本地化雇佣比例	⊕	★
S3.3 高层管理者中本地人员比例	⊕	☆
S3.4 本体化采购政策	●	☆
2. 社区发展		
S3.5 评估企业运营对社区发展的影响	●	★

续表

指标名称	定性指标（●） 定量指标（⊕）	核心指标（★） 扩展指标（☆）
S3.6 新建项目执行环境和社会影响评估的比率	⊕	★
S3.7 社区代表参与项目建设或开发的机制	●	★
S3.8 企业开发或支持运营所在社区中具有社会效益的项目	●	☆
3. 社会公益		
S3.9 公益方针或主要公益领域	●	★
S3.10 公益基金或基金会	●	☆
S3.11 捐献总额	⊕	★
S3.12 支持志愿者活动的政策、措施	●	★
S3.13 员工志愿者活动绩效	⊕	★
S3.14 海外公益	●/⊕	☆
第五部分：环境绩效（E系列）(33个)		
(E1) 环境管理		
1. 环境管理体系		
E1.1 建立环境管理组织体系和制度体系	●	★
E1.2 环保预警及应急机制	●	☆
E1.3 参与或加入的环保组织或倡议	●	☆
E1.4 环保总投入	⊕	★
2. 环保培训		
E1.5 环保培训与宣传	●	★
E1.6 环保培训绩效	⊕	★
3. 环境信息公开		
E1.7 环境信息公开	●	★
4. 环保公益		
E1.8 支持环保公益活动的措施和成效	●/⊕	★
(E2) 绿色运营		
1. 化学物质管理		
E2.1 化学物质管理制度和措施	●/⊕	★
E2.2 加强有毒有害化学品（可以使用的情况下）的管理	●/⊕	☆
E2.3 化学物质超标事故及应对	●/⊕	★
2. 绿色采购		
E2.4 供应商通过ISO14000环境管理体系认证的比例	⊕	★
E2.5 提升供应商环境保护意识和能力的措施	●	☆
E2.6 供应商受到环保方面处罚的个数和次数	⊕	☆
3. 节能减排		
E2.7 节能减排政策措施	●	★
E2.8 节能减排管理体系	●	☆
E2.9 单位产值能耗和能源节约量	⊕	★

指标名称	定性指标（●） 定量指标（⊕）	核心指标（★） 扩展指标（☆）
E2.10 单位产值水耗和水资源节约量	⊕	★
E2.11 鼓励使用可再生能源的政策、措施或技术	●	★
E2.12 温室气体（二氧化碳）排放量及减排量	⊕	★
E2.13 生产活动中的二氧化碳削减贡献量	⊕	☆
E2.14 节能环保产品的二氧化碳削减贡献量	⊕	☆
E2.15 废弃物排放量及减排量	⊕	★
E2.16 废水排放量及减排量	⊕	★
E2.17 发展循环经济政策措施	⊕	☆
4. 绿色物流		
E2.18 绿色运输	●	★
E2.19 绿色包装	●/⊕	★
5. 绿色办公		
E1.20 绿色办公措施和绩效	●	★
(E3) 绿色产品		
1. 节能环保产品		
E3.1 环保产品的研发与销售	●/⊕	★
E3.2 环保产品销售比率	⊕	☆
E3.3 环保产品的增长率	⊕	☆
2. 废旧家电回收利用		
E3.4 废旧家电回收的措施和绩效	●/⊕	★
3. 环保解决方案		
E3.5 研发推广环保解决方案的措施和成效	●/⊕	★
第六部分：报告后记（A 系列）（4 个）		
(A1) 未来计划：公司对社会责任工作的规划	●/⊕	★
(A2) 报告评价：社会责任专家或行业专家、利益相关方或专业机构对报告的评价	●	★
(A3) 参考索引：对本指南要求披露指标的采用情况	●	☆
(A4) 读者意见反馈：读者意见调查表及读者意见反馈渠道	●	★

管理篇

第六章 报告全生命周期管理

社会责任报告全生命周期管理是指企业在社会责任报告编写和使用的全过程中对报告进行全方位的价值管理，充分发挥报告在利益相关方沟通、公司社会责任绩效监控方面的作用，将报告作为提升公司社会责任管理水平的有效工具。社会责任报告全生命周期管理涉及组织、参与、界定、启动、撰写、发布和反馈7个过程要素，如图6-1所示。

（1）组织：建立社会责任报告编写的组织体系并监控报告编写过程；

（2）参与：利益相关方参与报告编写全过程；

（3）界定：确定报告的边界和实质性议题；

（4）启动：召开社会责任报告编写培训会暨启动会；

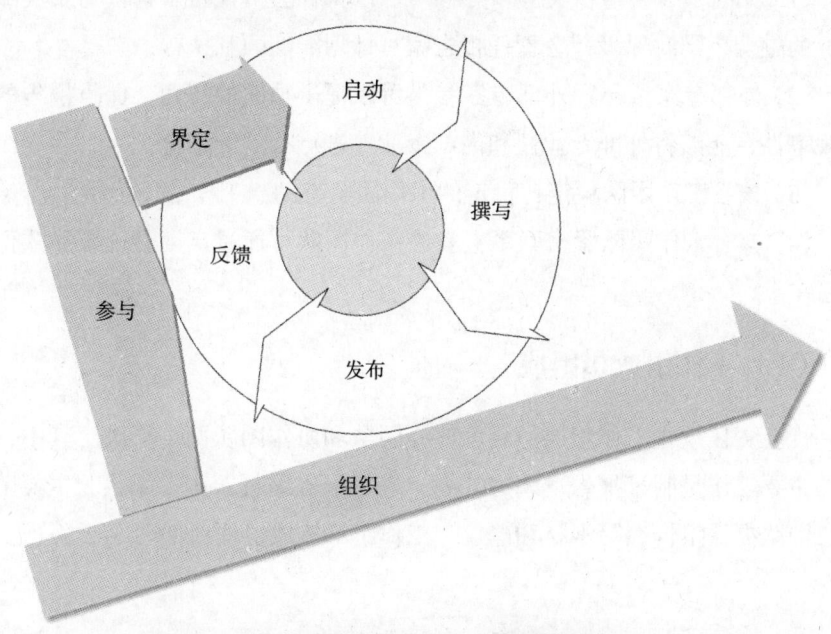

图6-1 企业社会责任报告全生命周期管理模型

(5) 撰写：搜集素材并撰写报告内容；

(6) 发布：确定发布形式和报告使用方式；

(7) 反馈：总结报告编写过程，向利益相关方进行反馈，并向企业内部各部门进行反馈。

其中，组织和参与是社会责任报告编写的保证，贯穿报告编写的全部流程。界定、启动、撰写、发布和反馈构成一个闭环的流程体系，通过持续改进报告编制流程，从而提升报告质量和公司社会责任管理水平。

一、组　织

(一) 建立工作组的原则

建立科学有效的社会责任报告工作组是报告编写的保障。建立工作组遵循以下原则：

(1) 关键领导参与：关键领导参与可以将社会责任报告与公司发展战略进行更好的融合，同时保障社会责任报告编写计划能够顺利执行；

(2) 外部专家参与：外部专家参与可以提供独立的视角，保障报告的科学性和规范性，能够将外部专业性和内部专业性进行有效的结合；

(3) 核心工作团队稳定：稳定的工作团队有助于工作的连续性；

(4) 核心工作团队紧密联系：核心工作团队可通过定期会议等形式保持紧密联系。

(二) 工作组成员组成

社会责任报告工作组成员分为核心团队和协作团队两个层次。其中，核心团队的主要工作是制订报告、编写计划、进行报告编写；协作团队的主要工作是为核心团队提供报告编写素材和建议。工作组具体成员构成如图6-2所示。

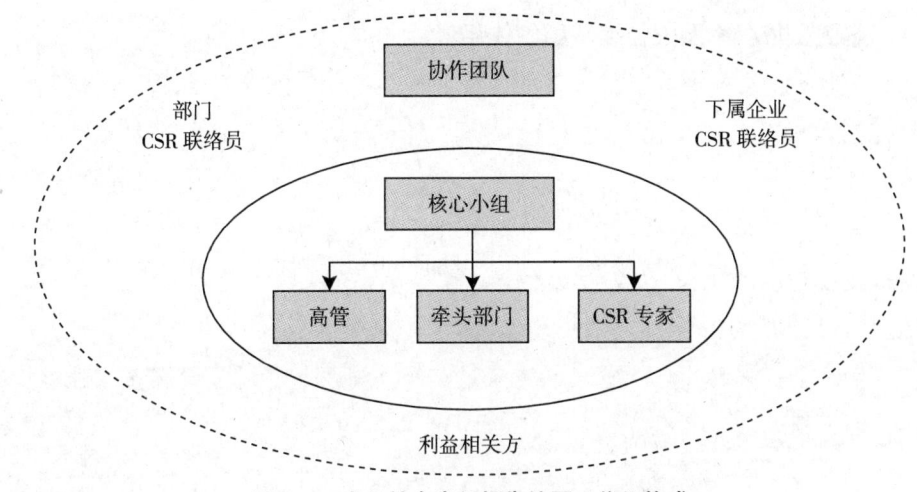

图 6-2 企业社会责任报告编写工作组构成

(三) 工作组成员分工与职责

社会责任报告工作组成员构成既包括外部专家,也包括内部职能部门,既包括高层领导,也包括下属企业。在报告编写的前期、中期和后期,各成员分工和职责如图 6-3 所示。

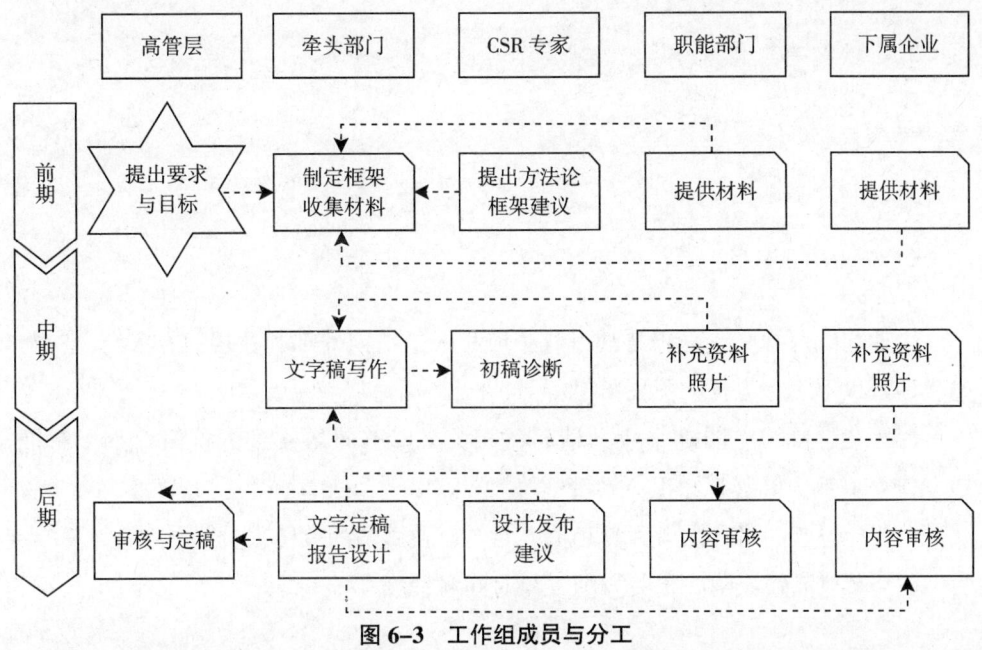

图 6-3 工作组成员与分工

案例：华润集团报告编写组织体系

华润集团在社会责任报告编写过程中建立了由集团董事办牵头组织、其他部室和战略业务单元/一级利润中心共同参与的社会责任报告组织体系。集团董事办负责社会责任报告的报送、公告、宣传及推广工作，并组织集团有关部室、战略业务单元/一级利润中心成立报告编制小组，编制版位表，组织报告起草、内容指导、统筹协调、综合统稿、总结评价等工作。

华润集团2012年社会责任报告起草小组成员构成：

主报告：朱虹波、徐莲子、宋贵斌、周文涛、虞柏林、莫炳金、张娜、何叙之、杨坤（集团董事会办公室），章曦（战略管理部），刘辉（人力资源部），何书泉（法律事务部），王学艺（财务部）。

分报告：熊浪（华润五丰），孟兰君（华润饮料），张建春（华润医药），汪红、李宗弦（华润银行），吴志鹏（华润纺织），池丽春（华润物业）。

独立报告：姜艳、马少君（华润万家），姜宇（华润雪花啤酒），杜剑梅（华润电力）。

主报告有关章节责编：朱虹波、徐莲子、宋贵斌、周文涛、虞柏林。

分报告责编：熊浪、孟兰君、张建春、汪红、吴志鹏、池丽春。

策划、组织与统稿：朱虹波。

主编：朱金坤（华润集团副总经理、华润慈善基金会理事长）。

二、参　与

企业在编写社会责任报告的过程中应积极邀请内外部利益相关方参与。参与过程涉及以下三个方面（见图6-4）：

（1）参与目的：明确企业邀请利益相关方参与时要实现的价值，如了解期望、建立关系、借鉴其知识体系等；

（2）参与者：明确邀请哪类相关方参与以及邀请的具体人员；

（3）参与范围：明确相关方的参与时间和程度。

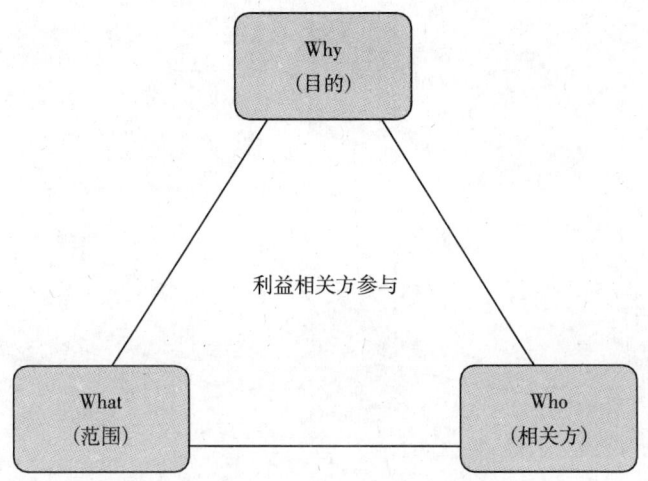

图 6-4 利益相关方参与报告编写的三要素

（一）利益相关方参与报告编写的价值

在报告编写过程中积极邀请外部利益相关方参与具有以下作用：

（1）通过参与了解利益相关方的期望，在社会责任报告中做出针对性回应；

（2）通过参与建立一种透明的关系，进而建立双方的信任基础；

（3）汇集利益相关方的资源优势（知识、人力和技术），解决企业在编写社会责任报告过程中遇到的问题；

（4）通过参与过程学习利益相关方的知识和技能，进而提升企业的组织和技能；

（5）通过在报告编写过程中的坦诚、透明的沟通，影响利益相关方的观点和决策。

（二）识别利益相关方

利益相关方是指受企业经营影响或可以影响企业经营的组织或个人。企业的利益相关方通常包括政府、顾客、投资者、供应商、雇员、当地社区、NGO、竞争者、工会、媒体学者、行业协会等，如图 6-5 所示。

由于企业利益相关方较多，企业在选择参与对象时需按照利益相关方对企业的影响力以及利益相关方对企业的关注程度进行关键利益相关方识别，如图 6-6 所示。

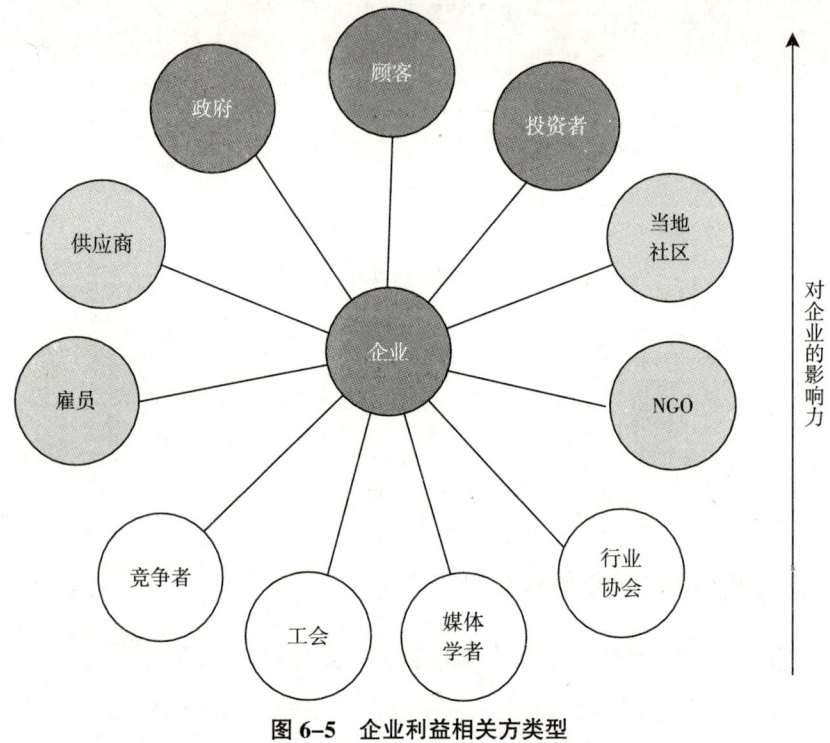

图 6-5　企业利益相关方类型

（1）对企业具有"高影响高关注"、"中影响高关注"、"高影响中关注"和"中影响中关注"的利益相关方，企业在编写社会责任报告过程中应积极邀请其参与；

（2）对企业具有"高影响低关注"的利益相关方，企业在编写社会责任报告过程中应争取请其参与；

（3）对企业具有"低影响高关注"的利益相关方，企业在编写社会责任报告过程中应尽量请其参与；

（4）对其他利益相关方，企业在社会责任报告编写完成后应履行告知义务。

（三）确定参与形式

在确定利益相关方参与人员后，应确定不同利益相关方的参与形式。按照参与程度划分，利益相关方参与社会责任报告编写主要有三种形式，即告知、咨询与合作，如表 6-1 所示。

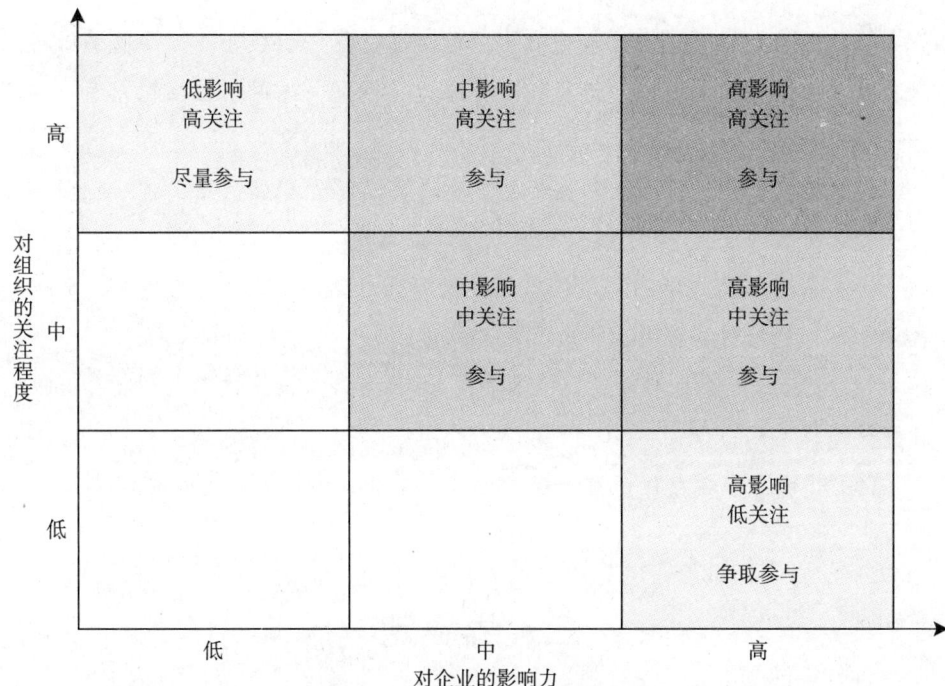

图 6-6 利益相关方筛选原则

表 6-1 利益相关方参与的形式和价值

性质		形式	价值
告知	被动	①邮件 ②通信 ③简报 ④发布会	将报告编写过程和结果第一时间告诉利益相关方，与相关方建立透明的关系
咨询	积极	①问卷调查 ②意见征求会 ③专题小组 ④研讨会 ⑤论坛	针对性回应利益相关方的期望，倾听相关方意见，与相关方建立信任关系
合作	积极	①联合成立工作组 ②组成虚拟工作组	与利益相关方紧密合作，与相关方建立伙伴关系

案例：中国移动倾听利益相关方意见

中国移动高度重视利益相关方参与和沟通，将利益相关方关注的议题和期望作为社会责任报告的重点内容。中国移动在利益相关方参与和沟通方面的主要做法和经验有：

(1) 2010年，中国移动制定《中国移动通信集团利益相关方沟通手册》，对利益相关方沟通的方式、流程和工具进行了规定，确保利益相关方参与和沟通有章可循；

(2) 在报告编制前召开利益相关方座谈会，倾听利益相关方对社会责任报告的意见和建议；

(3) 开设总裁信箱，总裁信箱设立两年来，近3000封来自客户、合作伙伴、员工的信件得到及时回复和妥善处理；

(4) 发布《中国移动每日舆情摘要》，对社会公众关注的热点问题及时跟踪和反馈；

(5) 积极举办客户接待日、媒体沟通会等利益相关方沟通活动。

三、界　定

(一) 明确报告组织边界

报告的组织边界是指与企业相关的组织应纳入报告的披露范围。企业通常可以按照以下三个步骤确定报告的组织边界。

第一步：明确企业价值链

企业按照上游、中游和下游明确位于企业价值链的各个组织体，在明确价值链的基础上，列出与企业有关的组织体名单。一般来说，企业价值链主要构成组织体包括：

(1) 上游：当地社区、供应商；

(2) 中游：员工、股东、商业伙伴、NGO、研究机构；

(3) 下游：分销商、零售商、顾客。

第二步：根据"控制力"和"影响力"二维矩阵明确报告要覆盖的组织体

列出与企业有关的组织体名单后，企业应根据"企业对该组织体的控制力"和"该组织体活动对企业的影响"两个维度将企业分为以下四类（见图6-7）。

其中，A类、B类和C类三类组织体应纳入报告覆盖范围。

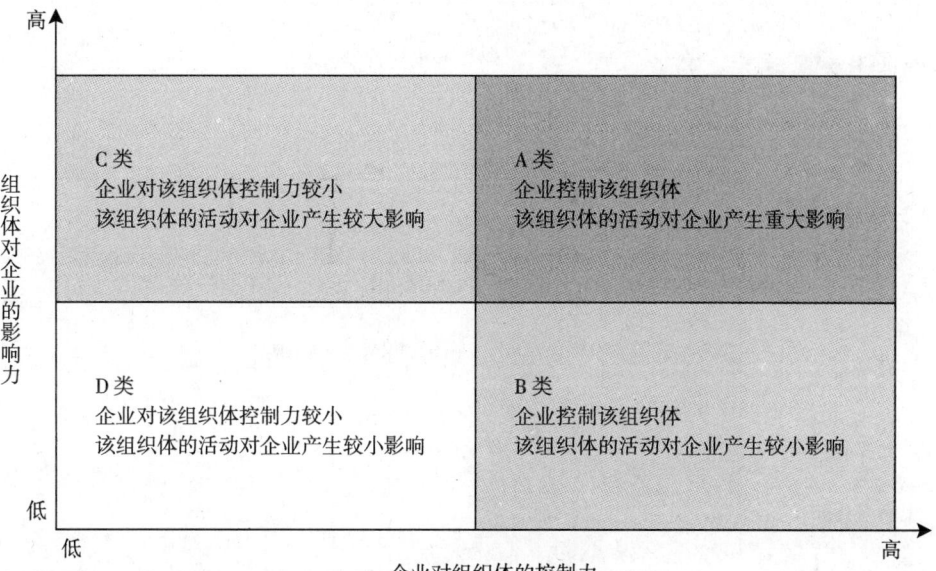

图6-7　界定报告范围原则

第三步：确定披露深度

在明确报告覆盖范围后，应针对不同类别明确不同组织体的披露深度：

（1）对A类组织体：企业应披露对该组织体的战略和运营数据；

（2）对B类组织体：企业应披露对该组织体的战略和管理方法；

（3）对C类组织体：企业应披露对该组织体的政策和倡议。

第四步：制订披露计划

在确定披露深度后，企业应根据运营和管理的实际对不同组织体制订相应的披露计划。

（二）界定实质性议题

实质性议题，即关键性议题，指可以对企业长期或短期运营绩效产生重大影响的决策或活动。企业可以按照以下三个步骤确定实质性议题。

第一步：议题识别

议题识别的目的是通过对各种背景信息的分析，确定与企业社会责任活动相关的议题清单。在议题识别过程中需要分析的信息类别和信息来源如表6-2所示。

表 6–2　议题识别的环境扫描

信息类别	信息来源
企业战略或经营重点	①企业经营目标、战略和政策 ②企业可持续发展战略和 KPI ③企业内部风险分析 ④企业财务报告等
报告政策或标准分析	①社会责任报告相关的国际标准，如 GRI 报告指南，ISO26000 ②政府部门关于社会责任报告的政策，如国务院国资委发布的《中央企业"十二五"和谐发展战略实施纲要》 ③上交所、深交所对社会责任报告的披露邀请 ④其他组织发布的社会责任报告标准，如中国社会科学院企业社会责任研究中心发布的《中国企业社会责任报告编写指南（CASS-CSR 3.0)》等
利益相关方分析	①利益相关方调查 ②综合性的利益相关方对话、圆桌会议等 ③专题型利益相关方对话 ④利益相关方的反馈意见等 ⑤与行业协会的沟通和交流
宏观背景分析	①国家政策 ②媒体关注点 ③公众意见调查 ④高校和研究机构出版的研究报告

第二步：议题排序

在识别出社会责任议题后，企业应根据该议题对"对企业可持续发展的影响度"和"对利益相关方的重要性"两个维度进行实质性议题排序，如图 6-8 所示。

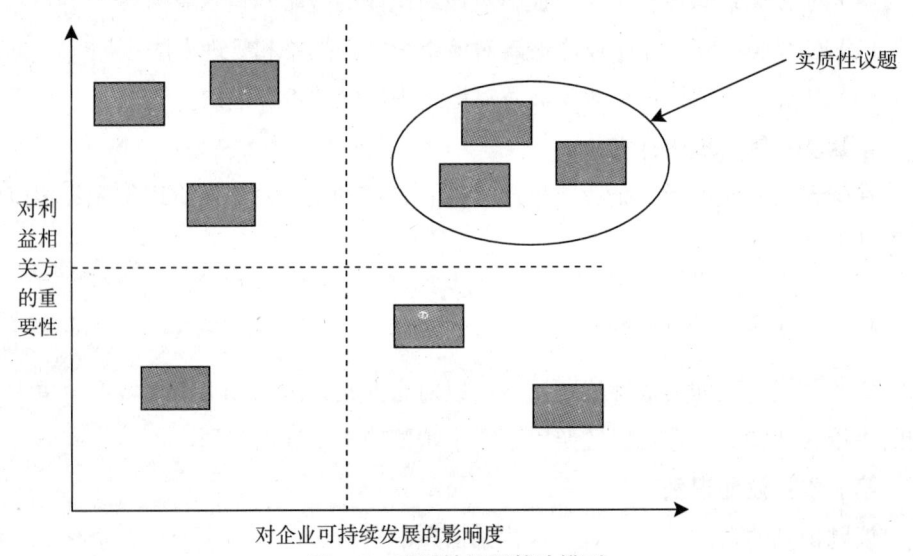

图 6-8　实质性议题筛选模型

第三步:议题审查

在明确实质性议题清单之后,企业应将确立的实质性议题征询内外部专家意见,并报高层管理者审批。

> **案例:斗山工程机械(中国)实质性议题选择**
>
> 2012年,斗山Infracore(中国)运用公司独有的评价模型,通过内部评估、外部单位评价以及利益相关方调研相结合的方式,导出公司目前的社会责任工作水平和到2013年末能够改善的社会责任核心议题及其优先顺序。模型评价结果显示,中国在技术和革新、人才培养、组织文化/人权/劳动等部分获得较好的评价,但在客户价值、环境、企业伦理等部分需要改善。
>
>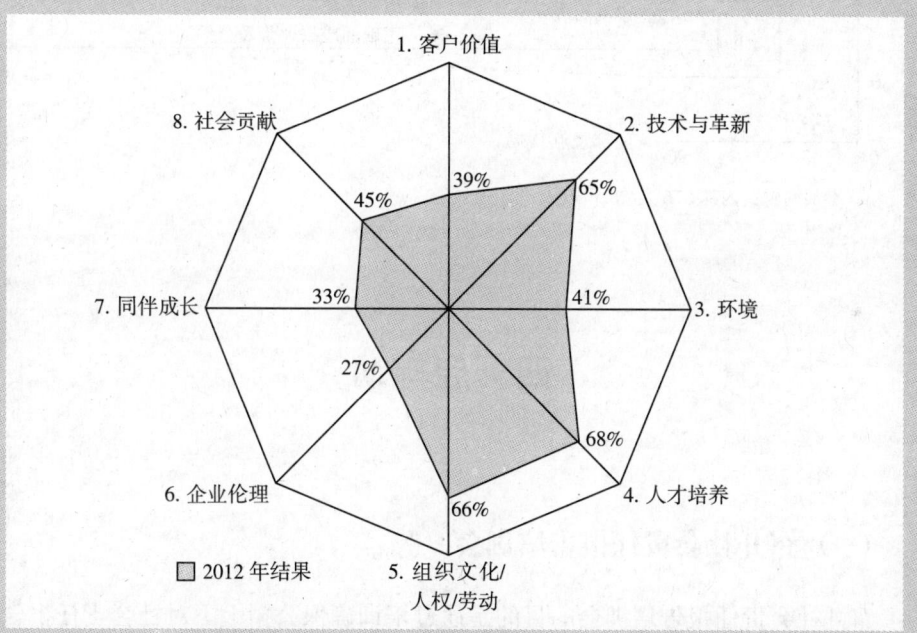
>
> 利益相关方调研则显示其共同认为客户价值、技术和革新、同伴成长、人才培养是企业经营的重要部分。通过议题筛选,斗山Infracore选择企业伦理、社会贡献、组织文化、环境部分4个议题作为企业社会责任核心议题(韩国总部已成立专门的技术本部来促进技术和革新议题)。

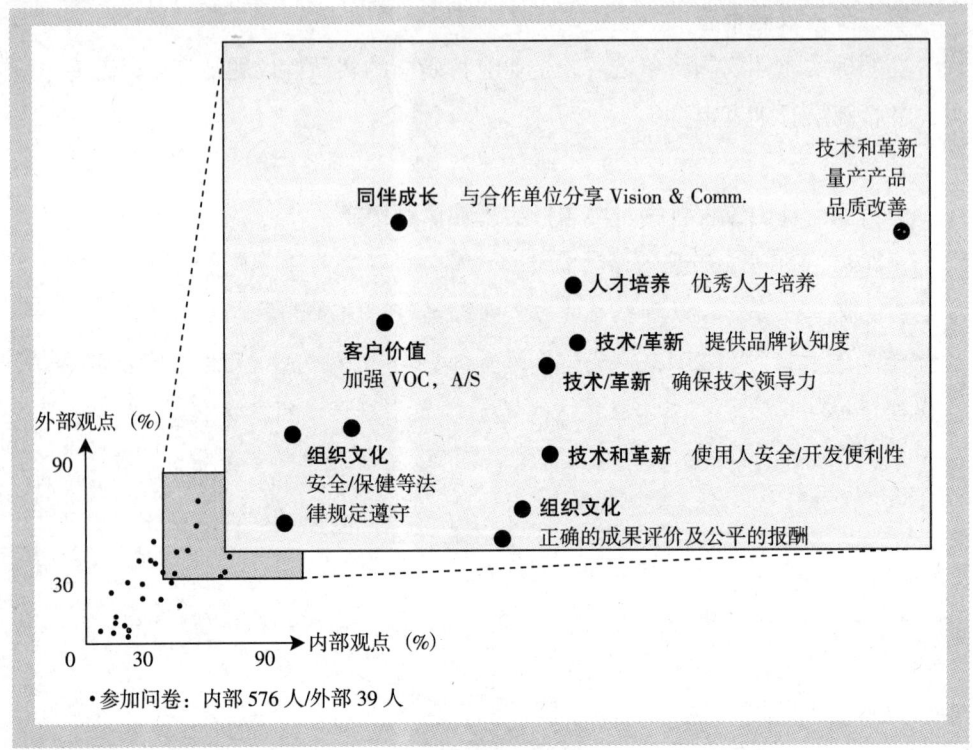

四、启 动

(一) 召开社会责任报告培训会

召开社会责任报告培训会的目的是通过培训确保公司上下对社会责任报告的重要性、编写工作流程形成统一的认识。在组织报告编写培训会时应注意考虑以下因素:

(1) 培训会对象:企业社会责任联络人;

(2) 培训会讲师:外部专家和内部专家相结合;

(3) 培训课件:社会责任发展趋势和本企业社会责任规划相结合。

(二) 对社会责任报告编写任务进行分工

在培训启动会上,社会责任报告编写牵头组织部门应对报告编写任务进行分工,明确报告参与人员的工作要求和完成时间。

> **案例:中国黄金集团社会责任报告编写培训会**
>
> 2012年10月25日,中国黄金集团在北京举办社会责任培训班,集团下属50家主要生产企业社会责任专职工作人员参加了培训。培训期间邀请国资委研究局、中国社会科学院经济学部企业社会责任研究中心的领导和专家就国内外社会责任发展情况、社会责任理论等方面进行了讲解,集团公司社会责任主管部门负责人介绍了集团公司的社会责任工作情况,并对集团下一步社会责任工作提出了要求,确定了奋斗目标。培训收到了预期的效果,为集团全面推进社会责任工作奠定了坚实的基础。

五、撰 写

充足、有针对性的素材是报告高质量的保证。企业在收集报告编写素材时可采用但不限于以下方法:

(1) 下发部门资料收集清单;
(2) 对高层管理者、利益相关方进行访谈;
(3) 对下属企业进行调研;
(4) 对企业存量资料进行案头分析。

资料清单模板：××公司社会责任报告数据、资料需求清单

填报单位：人力资源部　　　　　填报人：　　　　审核人：

1. 数据指标。

编号	指标	2008年	2009年	2010年	备注
1	员工总数（人）				
2	劳动合同签订率（%）				
⋮					

2. 文字材料。

(1) 公平雇用的理念、制度及措施。

(2) 员工培训管理体系。

……

3. 图片及视频资料。

(1) 员工培训的图片。

(2) 文体活动图片。

……

4. 贵部门认为能够体现我公司社会责任工作的其他材料、数据及图片。

案例：北汽集团社会责任信息收集与调研

2013年，北汽集团启动首份社会责任报告编写工作。为确保资料收集质量，北汽集团采取下发"资料清单"和下属企业走访调研相结合的方式。2013年4~5月，项目共调研了北京现代、北京奔驰、湖南株洲公司、重庆北汽银翔等11家下属企业，收集了丰富的材料。

下属企业走访调研的方式可以收集到更多一手的材料，同时在调研过程中可以对企业在社会责任方面的疑问进行解答，是一种比较高质量的资料收集方式。

六、发 布

（一）确定报告格式

随着技术发展和公众阅读习惯的改变，企业社会责任报告的格式日趋多样性。目前，企业社会责任报告的形式主要有：

（1）可下载的 PDF 格式；

（2）互动性网络版；

（3）印刷品出版物；

（4）印刷简本；

（5）网页版；

（6）视频版；

（7）APP 版本。

不同的报告格式具有不同的优缺点和针对性，企业应根据以下因素确立最佳报告形式组合策略：

（1）利益相关方的群体性；

（2）不同利益相关方群体的关注领域；

（3）不同利益相关方群体的阅读习惯；

（4）人们阅读和沟通的发展趋势及技术发展趋势。

（二）确定报告读者对象

社会责任报告的目标读者通常包括政府、投资机构、客户、员工、供应商、媒体、非政府组织、行业协会和一般公众等。企业应根据自身情况确定目标读者对象。

（三）确定发布形式

不同的发布形式具有不同的传播效果。通常，社会责任报告的发布形式主要有专项发布会、嵌入式发布会、网上发布、直接递送和邮件发送等，如表6-3所示。

表6-3 报告发布会类型

类　型	含　义
专项发布会	为社会责任报告举办专项发布会
嵌入式发布会	在其他活动中嵌入社会责任报告发布环节
网上发布	将社会责任报告放在互联网上并发布公司新闻稿
直接递送	将社会责任报告的印刷版直接递送给利益相关方
邮件发送	将公司社会责任报告电子版或网站链接通过邮件发送给利益相关方

案例：中国三星报告发布会

2013年3月18日，中国三星发布首份"中国三星社会责任报告书"。报告书在人才第一、顾客满足、诚信守法、追求共赢、绿色经营等方面展示了中国三星企业社会责任优秀的事例，在倾听中国社会声音的同时，承诺率先变为"开放的中国三星"。在发布会上，中国三星宣布2013年为中国三星企业社会责任（Corporate Social Responsibility，CSR）经营元年，旨在通过更高层次的CSR活动，与中国人民以及中国社会一起建设"美丽中国"。同时，为了实现"共享企业社会责任资源和力量"，中国三星与中国社会科学院经济学部企业社会责任研究中心签订了战略合作协议，成立"中国企业社会责任研究基地"。这是中国首家外资企业成立的社会责任研究基地，通过向中小企业开展"企业社会责任公益培训"，让更多的企业投身到履行社会责任的行列中。

七、反　馈

在社会责任报告发布后，企业应总结本次报告编写过程，并向外部利益相关方和内部相关部门进行反馈。反馈的主要形式包括但不限于会议、邮件、通信等。反馈的内容主要是本次报告对内外部利益相关方期望的回应和未来行动计划。

第七章 报告质量标准

一、过程性

(一) 定义

过程性即社会责任报告全生命周期管理,是指企业在社会责任报告编写和使用的全过程中对报告进行全方位的价值管理,充分发挥报告在利益相关方沟通、公司社会责任绩效监控的作用,将报告作为提升公司社会责任管理水平的有效工具。

(二) 解读

过程性涉及社会责任报告全生命周期管理中的组织、参与、界定、培训、编写、发布和反馈七个过程要素。其中,组织和参与是社会责任报告编写的保证,贯穿报告编写的全部流程。界定、培训、编写、发布和反馈构成一个闭环的流程体系,通过持续改进报告编制流程提升报告质量和公司社会责任管理水平。

(三) 评估方式

编制报告过程中是否执行了报告管理全过程的规定性工作。

二、实质性

（一）定义

实质性是指报告披露企业可持续发展的关键议题以及企业运营对利益相关方的重大影响。简单地说，实质性就是研究企业社会责任报告、披露社会责任信息是否"到位"，考察企业社会责任报告"是否涵盖了行业特征议题、时代议题等关键的社会责任议题，以及是否覆盖了受其重大影响的关键利益相关方"。利益相关方和企业管理者可根据实质性信息做出充分判断和决策，并采取可以影响企业绩效的行动。

（二）解读

企业社会责任议题的重要性和关键性受到企业经营特征的影响。具体来说，企业社会责任报告披露内容的实质性由企业所属行业、经营环境和企业的关键利益相关方等决定。

（三）评估方式

- 内部视角：报告议题与企业经营战略的契合度；
- 外部视角：报告议题是否回应了利益相关方的关注点。

案例：中国民生银行聚焦实质性议题

《中国民生银行2012年社会责任报告》在编写过程中注重实质性议题的披露，报告主体部分分为"完善责任治理，加强责任沟通"、"推进流程改革，打造最佳银行"、"聚焦小微金融，开创发展蓝海"、"服务实体经济，致力金融普惠"、"建设民生家园，关爱员工成长"、"共建生态文明，助力美丽中国"、"投身慈善公益，倾力回报社会"七大领域，较好地反映了民生银行的本质责任和特色实践。

三、完整性

(一) 定义

完整性是指社会责任报告所涉及的内容较全面地反映企业对经济、社会和环境的重大影响,利益相关方可以根据社会责任报告知晓企业在报告期间履行社会责任的理念、制度、措施以及绩效。

(二) 解读

完整性从两个方面对企业社会责任报告的内容进行考察:一是责任领域的完整性,即是否涵盖了经济责任、社会责任和环境责任;二是披露方式的完整性,即是否包含了履行社会责任的理念、制度、措施及绩效。

(三) 评估方式

● 标准分析:是否满足了《中国企业社会责任报告编写指南(CASS-CSR 3.0)》等标准的披露要求;

● 内部运营重点:是否与企业战略和内部运营重点领域相吻合;

● 外部相关方关注点:是否回应了利益相关方的期望。

> **案例:南方电网公司披露了指南 86.01% 的核心指标**
>
> 《中国南方电网公司社会责任报告 2012》共 82 页,报告从"责任管理"、"电力供应"、"绿色环保"、"经济绩效"及"社会和谐"等方面,系统披露了《中国企业社会责任报告编写指南》电力供应业核心指标的 86.01%,具有很好的完整性。

四、平衡性

（一）定义

平衡性是指企业社会责任报告应中肯、客观地披露企业在报告期内的正面信息和负面信息，以确保利益相关方可以对企业的整体业绩进行正确的评价。平衡性研究企业社会责任报告披露社会责任信息的"对称性"，要求企业社会责任报告不仅要注重于正面社会责任信息的披露，更应该披露企业在报告期发生的责任缺失事件以及企业应对责任缺失事件的制度、措施以及取得的绩效。

（二）解读

平衡性要求是为了避免企业在编写报告的过程中对企业的经济、社会、环境消极影响或损害的故意性遗漏，影响利益相关方对企业社会责任实践与绩效判断。

（三）评估方式

考察企业在社会责任报告中是否披露了实质性的负面信息。如果企业社会报告未披露任何负面信息，或者社会已知晓的重大负面信息在社会责任报告中未进行披露和回应，则违背了平衡性原则。

> **案例：中国石化股份重视负面信息披露**
>
> 2012年7月23日，承运商在由广州南沙前往汕头途中，受台风影响有6个装载中石化公司生产的聚丙烯产品的集装箱落入香港海域，箱内白色聚丙烯颗粒散落海面，部分颗粒漂至香港愉景湾、南丫岛深湾等附近海滩，引起广泛关注。在《中国石化2012年可持续发展进展报告》中，用专题形式对本次事件背景、公司应对和相关方反馈进行了详细披露。

五、可比性

（一）定义

可比性是指报告对信息的披露应有助于利益相关方对企业的责任表现进行分析和比较，它研究企业社会责任报告披露的社会责任信息可比较程度，有利于企业利益相关方更好地把握企业的社会责任绩效。

（二）解读

可比性体现在两个方面：纵向可比与横向可比。纵向可比性是同一指标的历史可比性；横向可比性是同一指标的企业之间的可比程度和企业同行业平均水平的可比程度，企业在披露相关责任议题的绩效水平时既要披露企业历史绩效，又要披露同行绩效。

（三）评估方式

考察企业是否披露了连续数年的历史数据和行业数据。

案例：华电集团社会责任报告披露了 61 个可比指标

《中国华电集团公司社会责任报告2012》披露了 61 个关键绩效指标连续 3 年的历史数据，同时披露了多项公司与同行业在环境绩效、责任管理等方面的横向比较数据，具有较强的可比性。

六、可读性

(一) 定义

可读性指报告的信息披露方式易于读者理解和接受,可读性强的社会责任报告在结构、条理、语言、表达形式以及设计等方面更便于读者接受。

(二) 解读

企业社会责任报告的可读性体现在以下方面:
- 结构清晰,条理清楚;
- 语言流畅、简洁、通俗易懂;
- 通过流程图、数据表、图片等使表达形式更加直观;
- 对术语、缩略词等专业词汇做出解释;
- 方便阅读的排版设计。

(三) 评估方式

从报告篇章结构、排版设计、语言、图表等各个方面对报告的通俗易懂性进行评价。

> **案例:中国兵器工业集团报告可读性优秀**
> 《中国兵器工业集团社会责任报告 2012》框架清晰,篇幅适宜;语言简洁流畅,结合大量案例,配图精美,表达方式丰富多样,并对专业词汇进行了解释,可读性表现优秀。

七、创新性

（一）定义

创新性是指企业社会责任报告在内容或形式上具有重大创新，即报告在内容和形式方面与以往报告相比是否更为有新意，创新性为企业持续推进可持续报告质量的提高提出了新的、更高的要求。

（二）解读

社会责任报告的创新性主要体现在两个方面：报告内容的创新和报告形式的创新。创新不是目的，通过创新提高报告质量是根本。

（三）评估方式

将报告内容、形式上与国内外社会责任报告以及企业往期社会责任报告进行对比，判断其有无创新，以及创新是否提高了报告质量。

> **案例：华润集团社会责任报告注重创新性**
> 《华润（集团）有限公司2012年社会责任报告》通过连环画的形式介绍"走进华润世界"，形式新颖，易于利益相关方理解；通过"品牌树"的方式介绍了公司丰富的产品品牌，易于利益相关方全面了解华润的业务和产品；在形式上，通过"集团报告"和"重点企业报告"两种方式呈现，具有很好的创新性。

案例篇

第八章 践诺履责,真诚沟通
——中国松下企业社会责任报告管理

一、中国松下集团简介

松下电器创立于1918年,产品遍布多个领域,是集个人消费电子、电化住宅设备、美容健康、通信科技、环境方案、汽车电子、能源设备等于一体的综合性世界著名企业。近百年的发展历史中,松下电器始终秉承着创业者松下幸之助先生"贯彻产业人的本分,谋求社会生活的改善和提高,以期为世界文化的发展做贡献"的基本经营理念,在全世界从事各种产品的生产、销售服务等事业活动。目前,松下集团在全球拥有505家企业,27万余名员工。2013年全球营业额达7兆7365亿日元。面向未来,松下电器将凭借在家电领域培育积累的优势,借助各个领域与地域的事业合作伙伴的支持,为每一位顾客创造更美好的生活及前所未有的全新价值。

1978年,中国国家领导人参观了松下集团日本电视机工厂。在双方会谈中,创业者松下幸之助表达了为中国做贡献的决心。随后,松下电器进入了中国事业的起始阶段,并于1987年设立了第一家合资工厂。如今,松下电器在华事业活动涉及研发、制造、销售、物流等多个领域。截至2014年3月31日,拥有在华企业100家,其中统括公司1家,制造公司71家,销售公司10家,研发公司6家,财务、广告等其他公司12家,营业额达到9949亿日元,员工人数6万余人。

松下电器(中国)有限公司(以下简称松下中国)1994年成立于北京,2002年实现了独资,主要负责开展家电、系统、环境、元器件、医疗设备等商品的销售和售后服务活动。作为中国地区投资性公司,松下电器(中国)有限公司还负责开展人才培养、财务、法务、环境保护、知识产权等统括和支援活动,以及开展家电和系统商品的批发和售后服务活动。2012年1月,松下电器(中国)有限公司吸收合并了松下电工(中国)有限公司,经营范围进一步扩大。

面向2018创业100周年,松下电器将在"百年传承,智美未来"这一品牌标识的共同的号令下,齐心协力,日日创新,为全世界的发展和环境革新做出贡献。今后,扎根在中国大地上的松下电器,将继续脚踏实地地履行企业的社会责任(CSR),为实现和谐社会、实现可持续发展贡献力量。

表8-1 主要奖项

主要奖项	2013年中国企业社会责任蓝皮书外资企业排名第五
	中国社工协会"中国五星级企业公民"
	民政部"中华慈善奖"
	商务部中国国际贸易学会"诚信经营示范企业"
	中国经济CEO论坛"2011中国经济—最佳推动力企业"
	中华健康快车基金会"光明贡献奖"
	《商务周刊》杂志中国50绿公司
	《WTO经济导刊》金蜜蜂企业社会责任发展中心"上榜金蜜蜂企业奖"
	中国服务贸易协会、中国信息协会"中国最佳售后服务奖"
	中国企业报社"跨国公司中国贡献特别大奖"

二、履责历程

表8-2 履责历程

年份	履责历程
1978年	时任国务院副总理邓小平访问日本松下电器
1979年	创业者松下幸之助第一次访华
	第一次技术合作:向上海灯泡厂提供黑白显像管成套设备
1980年	松下电器技术服务中心成立,松下电器产品正式进入中国市场
	举办松下电器综合电子技术交流会
1987年	成立第一家合资企业:北京·松下彩色显象管有限公司,全部250名员工送往日本研修
1988年	成立上海松下零件供应中心
1989年	第一支松下21寸彩色显像管下线

续表

年份	履责历程
1991 年	开始赞助中国乒乓球大奖赛（1991~2008 年）
1994 年	成立松下电器（中国）有限公司
1995 年	设立"松下育英基金"（1995 年至今）
	先后成立北京、上海技术服务中心，开始建立客户服务体制
	成立松下中国人才培训中心
1996 年	赞助松下复旦大学讲座（1996~2012 年）
	成立松下中国环境保护事务局
1998 年	设立松下奖学金（1998~2012 年）
2000 年	与清华大学合作成立清华—松下 DVD 节目制作联合实验室
2001 年	成立松下电器研究开发（中国）有限公司
	赞助建设密云县穆家峪镇希望小学
	助力世界一级方程式赛车锦标赛
2003 年	松下电器将全球品牌统一为 Panasonic
2004 年	在杭州设立"松下杭州工业园"
	倾情赞助中国网球公开赛（2004~2008 年）
2005 年	KWN 儿童短片大赛登陆中国（2005 年至今）
2006 年	赞助健康快车，救助贫困地区白内障患者（2006~2011 年）
	联合清华大学启动中国领导力研究中心（清华·Panasonic）共同项目（2006~2013 年）
2007 年	赞助 WWF 黄海生态区保护支援项目（2007~2014 年）
2008 年	作为奥运会全球正式合作伙伴，全力支持北京奥运会
	荣获中国民政部颁发的"中华慈善奖"
2009 年	召开松下环境论坛，发布植树和儿童环境教育两项百万承诺
2010 年	向上海世界博览会日本馆提供最新技术支持
	儿童环保绘画日记大赛登陆中国（2010 年至今）
2011 年	成立从事废家电回收处理事业的合资企业–杭州松下大地同和顶峰资源循环有限公司
2012 年	作为高级合作伙伴支援的太平洋国际教育音乐节首次海外公演在中国举行
2013 年	与友成企业家扶贫基金会合作，成立两个松下·友成志愿者驿站
	世界遗产环境教育项目登陆中国（2013 年至今）
	首次发布中文版企业社会责任报告书，评为"四星级"优秀报告
	正式成立"中国松下企业社会责任委员会"
	荣获中国五星级企业公民称号
2014 年	赞助深圳"爱特乐团"自闭症儿童"星星音乐会"
	与北京星星雨教育研究所合作，义卖筹款，捐助自闭症儿童
	开展关注自闭症儿童的爱心志愿者活动
	第二次发布中文版企业社会责任报告，评为"四星半级"优秀报告
	作为家电行业代表参与中国社会科学院组织的《家电制造业企业社会责任报告编写指南 3.0》的编制
	加入工信部中电标协社会责任工作委员会

三、责任报告

（一）报告概况

企业社会责任报告是企业就社会责任议题与利益相关方进行沟通的重要平台。对于松下电器而言，CSR 活动可以追溯到很早以前。1969 年，创业者松下幸之助先生在公司内部成立了社会业务本部，并专任一名董事担任主管。这一为了保障企业纲领的实施而设立的具体组织，是松下电器企业社会责任专职部门的雏形，当时世界上还并没有 CSR 这一概念。松下幸之助先生说："所谓企业的社会责任，其内容随着不同时期的社会情况的变化虽有不同，但是，不管哪个年代，基本的社会责任多是企业通过事业活动为提高人们的共同生活作出应有的贡献。"以这样的使命观作为基础，进行一切经营活动是非常重要的。

以这样的社会责任理念作为开篇，2013 年 6 月，松下中国制作并发布了首份《中国松下企业社会责任报告 2012》，向政府、客户、消费者、经销商等利益相关方披露松下在华 CSR 履行情况的同时，也将分析成果反馈给公司管理层和在华企业总经理，希望可以作为一份可以强化内部管理，进行针对性的监控、改进的系统数据材料。2014 年 1 月，中国松下首届 CSR 集团会议成功举办，同时成立了大泽英俊董事长挂帅的中国松下企业社会责任委员会，并于 6 月发布了第二份《中国松下企业社会责任报告 2013》。利用每年度发行的企业社会责任报告书，将松下集团企业社会责任方面的成果向社会做了积极的展示，在公司主页刊登电子版，并提供分章节下载和阅读，为各相关机构背对背评价方式提供便利。同时，积极联络重量级企业社会责任专家进行评价沟通，主动提交报告成果，参与外部评价，以推动松下电器的品牌建设。6 月 11 日，在 2013 年度报告书发布之前，召开了 2013 年中国松下企业社会责任报告书意见征求会，经过专家重量级评价与意见建议，对报告书进行了改善和提高。

表 8-3　中国松下企业社会责任报告发布情况

年份	报告页数	报告语言	报告版本	参考标准
2012	82	中文	印刷版、电子版	《中国企业社会责任报告编写指南（CASS-CSR2.0）》 全球报告倡议组织（GRI）《可持续发展报告编写指南》（G3.1）
2013	96	中文	印刷版、电子版	《中国企业社会责任报告编写指南（CASS-CSR3.0）》 全球报告倡议组织（GRI）《可持续发展报告编写指南》（G4）

（二）报告投入

中国松下社会责任报告以内部编制为主，同时邀请外部重量级社会责任专家为报告编写提出意见建议。每年报告编写投入资源如表 8-4 所示。

表 8-4　报告投入

年　份	投入人员	投入时间	搜集素材
2012	3	3 个月	实际使用：3.7 万余字，139 张照片 搜集素材：15 万余字，500 余张照片
2013	3	3 个月	实际使用：3.9 万余字，173 张照片 搜集素材：20 万余字，800 余张照片

四、报告管理

（一）组织

中国松下不断完善企业社会责任推进机制。以企业愿景为指引，以企业社会责任规划为策略，以科学的管理体系为保障，扎实推进企业社会责任实践。

1. 社会责任组织体系

中国松下集团设立企业社会责任委员会，大泽英俊董事长挂帅，各部门和各法人负责人任委员。松下电器（中国）有限公司公共关系部担任事务局，负责社会责任工作的统筹、协调和日常管理，包括制订社会责任规划和年度发展计划，建立和完善社会责任工作的组织和制度，开展社会责任研究、培训和交流，编制和发布公司年度社会责任报告等。

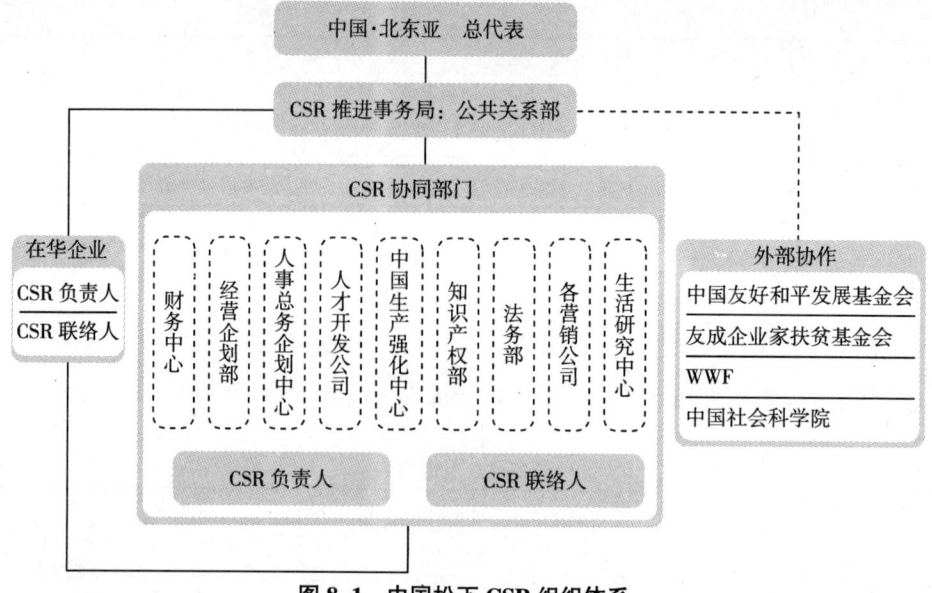

图 8-1　中国松下 CSR 组织体系

2. 社会责任制度

2013 年，中国松下建立了《中国松下企业社会责任指标手册》，从社会责任、市场责任和环境责任三方面，明确管理指标和体系。指标手册将作为中国松下社会责任信息搜集、社会责任报告编制和社会责任考核评价的重要依据。各部门和各法人已将社会责任核心指标纳入年度统计范围，以保证企业社会责任工作的落实，不断推动公司社会责任工作的科学化和系统化。

3. 社会责任组织队伍

中国松下设置了专职企业社会责任推进团队来管理和推进松下集团在华的企业社会责任管理工作，并在中国松下在华的下属企业设置了 CSR 专任/兼任的责任者与联络窗口，以保证企业社会责任在中国松下集团可以通畅、直接地进行推进和管理。同时，加强团队人员的素质建设也是很重要的工作，中国松下定期举办专题培训活动，为公司专项社会责任管理工作奠定坚实的基础。积极参加行业内外、中国社会科学院等机构组织的 CSR 培训及交流活动，并每年在集团内部举办 CSR 大会，加强社会责任工作人员的交流与沟通。

（二）参与

中国松下把加强与利益相关方的沟通作为履行社会责任、实现可持续发展的重要途径，不断建立、健全集团内外部社会责任沟通机制，主动发现并积极回应利益相关方的期望。

积极参加政府、行业协会和科研院所举办的企业社会责任会议、论坛和活动。同时，不断加强企业内部社会责任沟通，每年召开集团社会责任大会，发布CSR年度战略和指标体系，下发CSR调查问卷，并就社会责任报告书广泛征集意见，培育并不断加强集团浓厚的责任文化。

表8-5 参与方式

利益相关方	描述	对公司的期望	沟通方式	主要指标
政府	中国政府和业务所在地政府	在提供合格的产品的同时遵守法律法规；坚持诚信经营；合规管理、依法足额纳税；带动社会就业，对社会负责任	积极开展诚信建设理念宣贯、制度执行和文化倡导；通过贸易遵纪守法和公正交易开展遵纪守法活动；宣贯和执行《Panasonic行为准则》，通过E-learning、遵纪守法月、制定《遵纪守法手册》以及开展多种形式的守法合规培训增强员工遵纪守法意识；建立风险管理制度并不断完善体系	建立企业守法合规体系；进行守法合规培训；禁止商业贿赂和商业腐败，纳税总额；员工人数；确保就业及带动结业的政策或措施
合作伙伴	供应商、经销商、咨询机构	遵守商业道德和法律法规，与合作伙伴搭建战略合作机制；带动供应链合作伙伴履行社会责任；开展公平贸易，推动产业链持续健康发展；培育更多专业人才，加强经验分享，促进长期合作和共同发展	参与政府投融资平台建设及生态科技城创建，助力重大项目和民生工程；培育行业专业人才；通过经销商大会、代理店大会等形式加强与经销商的沟通交流，实现共存共荣；与供应商建立战略合作伙伴关系，坚持集团采购方针，要求供应商严守集团对其CSR采购的要求，开展绿色采购活动并与供应商协作实现成果共享	响应国家政策；战略共享机制及平台建设；推动供应链合作伙伴履行社会责任
客户	已购买或潜在购买公司产品和服务的所有用户	提供优质产品和服务；开展客户满意度调查，听取客户意见和建议；保护客户信息安全；跨越固有框架，与相关行业合作伙伴一起创造更大价值	在住宅、社会、商务、旅行、汽车等空间和领域提供以顾客需求为导向的解决方案，遵守以创新价值为导向的研发战略并遵循以一流品质为导向的生产准则，坚持以优质服务为导向的客户方针	企业运营地域；按产业、顾客类型和地域划分的服务市场；年度责任荣誉；客户关系管理体系；产品知识普及或客户培训；止损和赔偿；产品质量管理体系；支持产品服务创新的制度；客户满意度调查及客户满意度；积极应对客户投诉及客户投诉解决率；科研或研发投入；科研人员数量及比例

续表

利益相关方	描述	对公司的期望	沟通方式	主要指标
员工	公司组织机构中的全部成员	保障法律赋予员工的基本权益，争取员工最大福利；注重员工健康安全，提供活泼开放的沟通渠道；给予员工清晰的职业规划和创造挑战的可能性；培养员工长远发展，保障员工工作生活平衡	遵守国家相关法律法规，确保员工权益实现；创建健康、安全、舒适的职场环境，实施员工满意度调查；坚持平等雇佣，促进残疾人就业；重视员工和本地人才的培养，搭建分地区培训平台；响应全球干部开发体系，培养全球性人才；制定人才战略，实施新的人才开发机制和职业发展规划；遵循集团安全卫生方针，通过OHSAS认证，保护职业健康；设立应急管理体制和应急管理预案，定期举办集团安全卫生大会、风险评估研修、地区安全对策小组活动及安全督导师资格培训等；完善民主沟通机制，通过工会、恳谈会、厂务公开等尊重、鼓励并引导员工参与公司经营管理；关怀女职工，开展特殊人群和困难员工帮扶；举办丰富活动，增强归属感与积极性	劳动合同覆盖率；社保覆盖率；参加工会员工比例；年人均带薪休假天数；员工流失率；工伤事故率；员工培训投入；职业病防治制度；职业安全健康培训；员工心理健康制度/措施；安全生产管理体系；安全应急管理机制；安全教育与培训；员工伤亡人数；民主管理；参加工会的员工比例；困难员工帮扶投入；为特殊人群提供特殊保护；尊重员工家庭责任和业余生活，确保工作生活平衡
环境	企业业务运营所在地及整个地球的自然环境	遵守国家环境法律法规和相关产品的环保标准；将环境管理和环境保护贯穿于研发、生产、销售全过程；推进环保理念在企业内外的宣贯和落实，提升全社会环保意识	遵纪守法，建立垂直管理和地域管理并行的在华工厂环境管理体制；建立环境绩效系统体制；生产绿色产品和建立绿色工厂，坚持产品环境评价，通过技术开发，推进产品环境标志的取得；以PDCA模式推进CO_2削减、资源循环、风险应对等项目；举办一般环境培训和专业环境培训；通过技术降低"三废"，同时保护水资源，循环利用生产废水；坚持使用绿色包装和实施绿色物流；践行绿色办公并积极发展循环经济，推进在中国废弃电器电子产品的再生利用	建立环境管理组织体系和制度体系；企业环境影响评价；环保培训与宣教；环保培训绩效；绿色办公措施；节约能源政策措施；减少温室气体排放的计划及行动；温室气体排放量及减排量；支持绿色低碳产品的研发与销售；绿色办公措施；减少废气排放的政策、措施或技术；废气排放量及减排量；减少废水排放的政策、措施或技术；废水排放量及减排量；减少废弃物排放的政策、措施或技术；废弃物排放量及减排量；包装减量化和包装物回收的政策和绩效；废旧产品回收的措施和绩效；企业单位产值综合能耗

续表

利益相关方	描述	对公司的期望	沟通方式	主要指标
社区	企业业务及运营所在地	通过企业经营带动社区经济社会发展；尊重各地区的法律法规和人文风俗，与社区充分沟通，和谐共存；积极支持灾害救助和社区扶贫济困等慈善公益活动	分享经营成果，以环境保护和下一代教育为重点，关心并帮助困难群体，开展富有成效的社会公益活动；为了下一代的生存环境，开展集团植树、海洋系统生态保护、各具特色的环保公益活动；关心下一代的美好梦想，建立志愿活动驿站，动员扶贫志愿者与企业志愿者参与项目的实施，开展世界遗产环境学习、儿童微电影、儿童环保绘画日记及环境教育等活动，支持孩子们的环保梦想；设立育英基金等奖学金，支持品学兼优但经济困难的大学生圆梦；扶贫济困，开展困难群体救助、灾害救助捐赠等帮扶活动	保护生物多样性；生态恢复及治理率；企业公益方针或主要公益领域；企业支持志愿者活动的政策、措施；捐赠总额
社会组织	行业协会、科研院所、国际国内民间组织、地方团体等	重视社会团体的诉求并积极与之沟通；积极参与、支持社会团体组织的各项活动；就社会责任议题主动与社会团体开展形式多样的合作	积极参与政府、行业协会、科研院所举办的关于CSR的会议、论坛和活动，保持长效沟通，增强行业、社会及CSR领域的敏感度	企业利益相关方名单；企业外部社会责任沟通机制；企业高层领导参与的社会责任沟通与交流活动

（三）界定

1. 议题确定流程

● 参考专业标准；

● 结合企业实践；

● 听取专家意见；

● 企业调查问卷；

● 中高层领导访问；

● 利益相关方访谈。

2. 社会责任核心议题

中国松下紧跟全球报告倡议组织《可持续发展报告编写指南（2013）》、《中国企业社会责任报告编写指南（CASS-CSR3.0）》等标准倡议，结合企业自身实践和利益相关方普遍要求，开展企业社会责任核心议题的甄别与筛选，明确社会责任工作的重点与报告内容的边界。

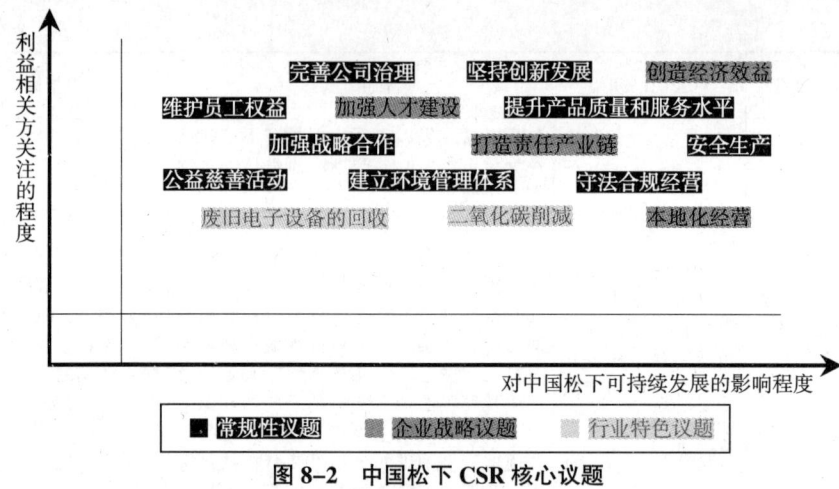

图 8-2 中国松下 CSR 核心议题

(四) 启动

中国松下企业社会责任报告书每年年初启动,公共关系部牵头成立报告书编写小组,组织和推荐相关人员参加中国社会科学院及相关机构举办的培训。为了更加深入地了解和学习国内外社会责任动态、知识,把握报告书的最新标准,中国松下还组织企业社会责任管理委员会的成员参加集团企业社会责任负责人培训,邀请外部专家从理论和行业动态两个层面进行讲解,以加深相关人员对企业社会责任工作的深入认识,并为新一年度报告书的撰写打下坚实的理论基础。

● 2014 年 1 月 20 日,中国松下在厦门举行企业社会责任集团培训,以《企业社会责任概论》和《在全生命周期管理报告价值》为核心课程,内容涵盖社会责任管理体系、相关政策、最新案例及发展趋势等。来自 53 家在华企业的副总经理、相关部门负责人 80 余人参加。

● 2014 年 1 月 21 日,中国松下首届 CSR 集团大会在厦门召开,会上正式成立了"中国松下企业社会责任委员会",并发布了 2014 年度中国松下 CSR 推进计划,中国松下企业社会责任管理指标体系等内容。

(五) 撰写

2014 年中国松下企业社会责任报告书从正式启动到编写发布,一共经历了 3 个月的时间,专任编写人员 3 人,以及相关部门编委合计 36 人参与报告书编写。

1. 前期准备

(1) 确定报告书主题,开展利益相关方访谈。《中国松下企业社会责任报告2013》以"倾听你的声音,做最值得信赖的伙伴"为主题,将利益相关方访谈作为整体报告编写的第一步。分别与政府、员工、媒体、消费者、经销商、供应商等利益相关方,就松下企业社会责任履行的期待和评价进行了采访,以披露针对性成果。

(2) 形成报告书基本框架。根据集团确定的6个核心议题和利益相关方访谈结果,并集合中国松下的年度公司战略和发展要求,围绕"倾听你的声音,做最值得信赖的伙伴"的报告主题,形成报告书的基本框架。

表8-6 2013年度报告书基本框架

结构	一级标题	二级标题
开篇	关于我们	松下电器的可持续发展方针 大泽英俊董事长谈松下电器的可持续发展 2013年中国松下企业社会责任活动成果 松下电器35年中国路 中国松下的事业和责任
	责任管理	责任战略 责任治理 责任绩效 责任能力 责任沟通
报告主体	正道经营 我们开展公正诚信的事业活动	诚信经营 守法合规 风险管理
	全员经营 我们培养人才先于制造产品	员工权益 员工培养 员工成长 安全管理 民主沟通 人性关怀
	环境革新 我们以先进技术保护美丽地球	加强环境管理 应对气候变暖 降低环境负荷 发展循环经济
	合作共赢 我们与合作伙伴共同履行社会责任	加强与政府的沟通合作 培养行业人才 加强与经销商的沟通与交流 加强与供应商的沟通与合作

续表

结　构	一级标题	二级标题
报告主体	服务客户 我们创造可持续的快乐生活	以顾客需求为导向的解决方案 以创新价值为导向的研发战略 以一流品质为导向的生产准则 以优质服务为导向的客户方针
	回馈社区 我们为下一代构筑美好未来	下一代的生存环境 下一代的美好梦想 扶贫济困　同舟共济
报告后记	未来展望	履行承诺　与社会共进步
	附录	报告概况 关键绩效表 专业名词解释 评级报告 报告指标索引 读者意见反馈表

（3）确定报告指标体系。结合所识别确定的社会责任议题和所在的行业特点，以中国社会科学院企业社会研究中心最新发布的《中国企业社会责任报告编写指南（CASS-CSR3.0）》标准编制，参考GRI、ISO26000、联合国全球契约、中电标协社责委CSR标准等国际和行业标准，建立了包含119个指标的社会责任指标体系，通过面向松下在华企业针对该指标体系的收集、分析、管理和反馈，来披露中国松下在履行社会责任工作方面的具体表现。

表8-7　2013年度社会责任报告披露的关键绩效指标

类　别	指　标
市场绩效	客户满意度（%）
	客户电话投诉一次性解决率（%）
	产品合格率（%）
	科研投入金额（亿元）
	研发人员数量（人）
	发明专利申请数（件）
	合同履约率（%）
	累计投资总额（亿元）
	销售额（亿元）
社会绩效	纳税总额（亿元）
	员工数量（人）
	报告期内吸纳就业人数（人）
	劳动合同签订率（%）

续表

类　别	指　标
社会绩效	社会保险缴纳率（%）
	参加工会员工比例（%）
	每年人均带薪休假天数（天）
	本地管理者比例（%）
	女性管理人员比例（%）
	残疾人雇佣人数（人）
社会绩效	职业病发病次数（次）
	工伤事故率（%）
	体检及健康档案覆盖率（%）
	员工流失率（%）
	本地化雇佣比例（%）
	捐赠总额（万元）
	公益植树（棵）
	儿童环境教育人数（人）
	培训总次数（次）
	培训总人次（人次）
	员工培训投入金额（万元）
环境绩效	能源消耗总量（吨标准煤）
	二氧化碳排放量（吨）
	生产活动中的二氧化碳削减贡献量（万吨）
	节能商品的二氧化碳削减贡献量（万吨）
	废弃物循环利用率（%）
	废弃物排放量（吨）
	废弃物再资源化量（吨）
	废弃物最终处置量（吨）
	单位产值二氧化硫排放量（千克/万元）
	单位产值化学需氧量排放量（千克/万元）
	化学物质对人·环境影响度（千点）
	用水量（万立方米）
	废水排放量（万立方米）
	废水减排量（万立方米）

2. 报告编写

（1）资料收集、内容撰写。在确定了报告书的主题、框架和指标体系之后，制作资料收集清单，面向所有中国松下在华企业进行相关资料的收集，根据指标性质的不同，主要从三个通道进行资料的收集：

1) 总部各职能部门横向资料收集。松下电器（中国）有限公司作为地区总部，根据人事、财务、税务、法务等部门职能划分，将社会责任指标体系分解，面向在华集团企业收集职责范围以内的相关材料，并对具体案例选择提出建议。

2) 面向全在华企业进行，贯穿于日常工作的阶段性资料收集和年终资料统计。按职能部门划分指标体系后，有部分不隶属于某职能部门明确职责范围内的指标，由公共关系部建立日常信息收集表，通过各在华企业CSR责任者和联络人的渠道进行阶段性收集，以及年度结束前的最终资料统计。

3) 重点案例征集和整理，针对不能量化的指标，要求各部门向在华企业征集实践案例，然后归纳整理提出选取建议。

资料的收集，一般不能一次性完成，中国松下的报告书资料收集工作按照下发资料清单，收集和整理核心数据，根据报告书编写需求再针对性数据收集的过程。通常情况，所有数据不能一次性收集完成，所以在中后期采用编写报告和数据收集同时进行的方法。

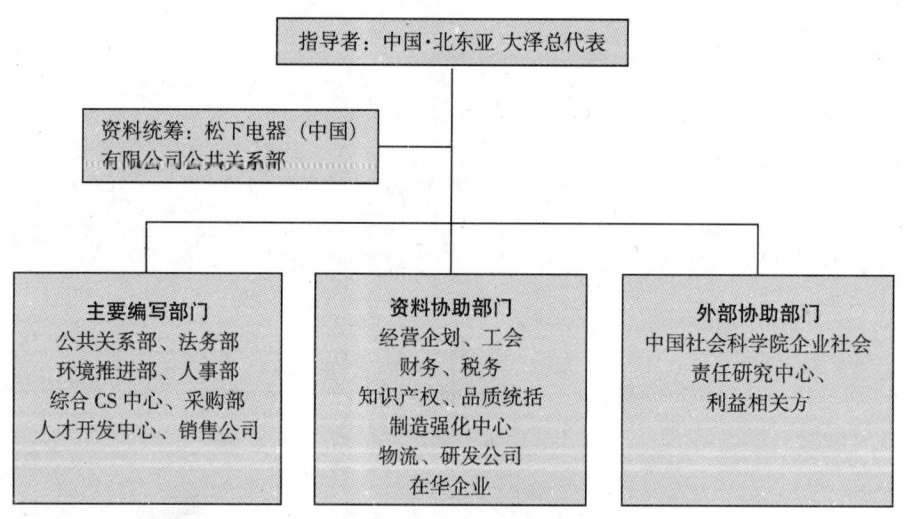

图8-3 中国松下企业社会责任报告编写委员会

（2）评级与总结。2014年6月11日，在报告书完成稿送交评级之前，松下电器（中国）有限公司就今年报告书召开了相关方意见征求会，邀请了行业协会、研究机构、学术专家、同行企业、知名媒体等利益相关方代表出席，一起为中国松下报告书提出修订建议。

甄选意见征求会的反馈意见，对报告书进行修订之后，将报告书提交企业社会责任报告评级委员会。2013年中国松下报告书最终获得了四星半级的优秀评价。

在得到专家评审的评级结果之后，与专业机构设计排版的文件终稿一起印刷、发布，并将最终完成的报告书和评价结果一起反馈给公司经营层干部和在华企业相关负责人。

3. 报告发布

截至目前，中国松下连续两年发布了企业社会责任报告，且都是采取网络发布的形式。每年的报告发布，均在中国松下官方网站上制作专门页面，提供分章节阅读，用最直接和方便的阅读方式将报告呈献给利益相关方。

4. 使用

社会责任报告是综合展现企业社会责任履责情况的载体，通过对往年业绩以及未来预测的平衡和报告，有效梳理企业自身的管理实绩，从更高的层次上帮助组织传递与经济、环境、社会机遇和挑战相关的信息，有助于加强公司与外部各利益相关方（消费者、投资者、社区）的关系，建立信任，可以作为建设、维持和不断完善利益相关方参与的重要工具。中国松下鼓励在与利益相关方进行沟通时充分使用社会责任报告。

表8-8 中国松下企业社会责任报告印刷量

2012年度报告	2013年度报告
9000册	5000册

五、评级报告

《中国松下企业社会责任报告2013》评级报告

中国社会科学院经济学部企业社会责任研究中心（以下简称"中心"）受松下电器（中国）有限公司委托，从"中国企业社会责任报告评级专家委员会"中抽选专家组成评级小组，对《中国松下企业社会责任报告2013》（以下简称《报告》）进行评级。

一、评级依据

《中国企业社会责任报告编写指南（CASS-CSR 3.0)》暨《中国企业社会责任报告评级标准（2014）》。

二、评级过程

1. 过程性评估小组访谈中国松下社会责任部门成员；

2. 过程性评估小组现场审查中国松下及下属单位社会责任报告编写过程相关资料；

3. 评级小组对企业社会责任报告的管理过程及《报告》的披露内容进行评价；

4. 本次评级基于企业诚信和可靠性保证作出。

三、评级结论

过程性（★★★★☆）

公司公共关系部牵头成立编写组，高层领导参与编制及审定；编写组对利益相关方进行识别与排序，并以问卷调查、意见征求会等方式收集相关方意见；根据公司重大事项、国家相关政策、行业对标分析对实质议题进行界定；拟定在公司"35周年庆典"期间对报告进行推广，并计划在公司生活馆展示报告；将以印刷品、电子版等形式呈现报告，具有领先的过程性表现。

实质性（★★★★★）

《报告》详细披露了"产品质量管理"、"产品创新"、"售后服务体系"、"家电召回"、"安全生产"、"员工权益保护"、"环保产品的研发和销售"、"产品和包装回收再利用"等所在行业关键性议题，叙述详细充分，具有卓越的实质性。

完整性（★★★★☆）

《报告》从"政府责任"、"员工责任"、"环境责任"、"伙伴责任"、"客户责任"、"社区责任"等角度披露了所在行业80.0%的核心指标，完整性表现领先。

平衡性（★★★★）

《报告》披露了"职业病发生率"、"重大安全生产事故数"、"工伤事故率"等负面数据信息，并对"部分型号电冰箱召回"的进度及完成情况进行披露，平衡性表现优秀。

可比性（★★★★☆）

《报告》披露了33个关键绩效指标连续3年的历史数据，并就"投影机市场占有率"、"申请发明专利数"等指标在行业内进行对比，可比性表现领先。

可读性（★★★★★）

《报告》框架合理，篇幅适宜，语言优美；图表、流程图等表达方式丰富，与文字叙述相辅相成；报告设计精美，整体感强，色调清新，并对专业词汇进行解释，显著提高了报告的阅读性，具有卓越的可读性表现。

创新性（★★★★☆）

《报告》以"倾听你的声音，做最值得信赖的伙伴"为主题，系统回顾了公司35年在华经营历程和当年责任重点，通过"我们倾听的声音"、"我们采取的行动"总结相关方诉求及公司回应措施，主线明确、内容突出、互动性强，具有领先的创新性。

综合评级（★★★★☆）

经评级小组评价，《中国松下企业社会责任报告2013》为四星半级，是一份领先的企业社会责任报告。

四、改进建议

增加负面数据信息及负面事件的披露，进一步提高报告的平衡性。

评级小组

组长：中国企业联合会企业创新工作部主任　程多生

成员：北方工业大学经济管理学院副教授　魏秀丽

中国社科院企业社会责任研究中心常务副主任　张　蒽

中心过程性评估员　方小静　王梦娟

评级专家委员会主席　　　　　　　　　　评级小组组长
中心常务副理事长　　　　　　　　　　　中心副理事长

附 录

一、参编机构

(一) 中国社会科学院经济学部企业社会责任研究中心

中国社会科学院经济学部企业社会责任研究中心(以下简称"中心")成立于 2008 年 2 月,是中国社会科学院主管的非营利性学术研究机构。中国社会科学院副院长、经济学部主任李扬研究员任中心理事长,国务院国有资产监督管理委员会研究局局长彭华岗博士、中国社会科学院工业经济研究所所长黄群慧研究员任中心常务副理事长,中国社会科学院社会发展战略研究院钟宏武副研究员任主任。中国社会科学院、国务院国有资产监督管理委员会、人力资源与社会保障部、中国企业联合会、人民大学、国内外大型企业的数十位专家、学者担任中心理事。

中心以"中国特色、世界一流社会责任智库"为目标,积极践行研究者、推进者和观察者的责任:

(1) 研究者:中国企业社会责任问题的系统理论研究,研发颁布《中国企业社会责任报告编写指南 (CASS-CSR 1.0/2.0)》,组织出版《中国企业社会责任》文库,促进中国特色的企业社会责任理论体系的形成和发展。

(2) 推进者:为政府部门、社会团体和企业等各类组织提供咨询和建议;主办"中国企业社会责任研究基地";主办"分享责任——中国企业社会责任公益讲堂";开设中国社科院研究生院 MBA《企业社会责任》必修课,开展数百次社会责任培训，传播社会责任理论知识与实践经验；组织、参加各种企业社会责任研讨交流活动，分享企业社会责任研究成果。

（3）观察者：出版《企业社会责任蓝皮书（2009/2010/2011/2012/2013）》，跟踪记录上一年度中国企业社会责任理论和实践的最新进展；每年发布《中国企业社会责任报告白皮书（2011/2012/2013）》，研究记录我国企业社会责任报告发展的阶段性特征；制定、发布、推动《中国企业社会责任报告评级》，为150余份社会责任报告提供评级服务；主办"责任云"（www.zerenyun.com）平台以及相关技术应用。

中国社会科学院经济学部企业社会责任研究中心
2014年5月

电话：010-59001552

传真：010-59009243

网站：www.cass-csr.org

E-mail：csr@cass-csr.org

地址：北京市朝阳区东三环中路39号建外SOHO写字楼A座1710（100022）

研究业绩

课题：

（1）国土资源部：《矿业企业社会责任报告制度研究》，2013年；

（2）国务院国资委：《中央企业社会责任优秀案例研究》，2013年；

（3）中国扶贫基金会：《中资海外企业社会责任研究》，2012~2013年；

（4）北京市国资委：《北京市属国有企业社会责任研究》，2012年5月~12月；

（5）国资委研究局、中国社会科学院经济学部企业社会责任研究中心：《企业社会责任推进机制研究》，2010年1月~2010年12月；

（6）国家科技支撑计划课题：《社会责任国际标准风险控制及企业社会责任评价技术研究之子任务》，2010年1月~2010年12月；

（7）深交所、中国社会科学院经济学部企业社会责任研究中心：《上市公司社会责任信息披露》，2009年3月~2009年12月；

（8）中国工业经济联合会、中国社会科学院经济学部企业社会责任研究中心：工信部制定《推进企业社会责任建设指导意见》前期研究成果，2009年10

月~2009 年 12 月;

(9) 中国社科院交办课题:《灾后重建与企业社会责任》,2008 年 8 月~2009 年 8 月;

(10) 中国社会科学院课题:《海外中资企业社会责任研究》,2007 年 6 月~2008 年 6 月;

(11) 国资委课题:《中央企业社会责任理论研究》,2007 年 4 月~2007 年 8 月。

专著:

(1) 黄群慧、钟宏武、张蒽等:《中国盐业总公司考察》,经济管理出版社 2013 年版;

(2) 彭华岗、钟宏武、张蒽、孙孝文等:《企业社会责任基础教材》,经济管理出版社 2013 年版;

(3) 姜天波、钟宏武、张蒽、许英杰:《中国可持续消费研究报告》,经济管理出版社 2013 年版;

(4) 陈佳贵、黄群慧、彭华岗、钟宏武:《企业社会责任蓝皮书 (2012)》,社会科学文献出版社 2012 年版;

(5) 钟宏武、魏紫川、张蒽、孙孝文等:《中国企业社会责任报告白皮书 (2012)》,经济管理出版社 2012 年版;

(6) 李春光、彭华岗、黄文生:《每一滴油都是承诺:中国石化企业社会责任的理论与实践》,经济管理出版社 2012 年版;

(7) 孙青春:《寻找增长的涌泉:企业可持续创新之路探索》,经济管理出版社 2012 年版;

(8) 陈佳贵、黄群慧、彭华岗、钟宏武:《企业社会责任蓝皮书 (2011)》,社会科学文献出版社 2011 年版;

(9) 彭华岗、钟宏武、张蒽、孙孝文:《中国企业社会责任报告编写指南 (CASS-CSR2.0)》,经济管理出版社 2011 年版;

(10) 钟宏武、张旺、张蒽:《中国上市公司非财务信息披露报告 (2011)》,社会科学文献出版社 2011 年版;

(11) 钟宏武、张蒽、翟利峰:《中国企业社会责任报告白皮书 (2011)》,经济管理出版社 2011 年版;

(12) 彭华岗、楚旭平、钟宏武、张蒽:《企业社会责任管理体系研究》,经济管理出版社 2011 年版；

（13）彭华岗、钟宏武：《分享责任——中国社会科学院研究生院 MBA "企业社会责任"必修课讲义集（2010）》，经济管理出版社 2011 年版；

（14）黄群慧、黄天文、钟宏武：《中国中钢集团国情调研报告》，经济管理出版社 2010 年版；

（15）陈佳贵、黄群慧、彭华岗、钟宏武：《企业社会责任蓝皮书（2010）》，社会科学文献出版社 2010 年版；

（16）钟宏武、张唐槟、田瑾、李玉华：《政府与企业社会责任》，经济管理出版社 2010 年版；

（17）陈佳贵、黄群慧、彭华岗、钟宏武：《企业社会责任蓝皮书（2009）》，社会科学文献出版社 2009 年版；

（18）钟宏武、孙孝文、张蒽：《中国企业社会责任报告编写指南（CASS-CSR1.0）》，经济管理出版社 2009 年版；

（19）钟宏武、张蒽、张唐槟、孙孝文：《中国企业社会责任发展指数报告（2009）》，经济管理出版社 2009 年版；

（20）陈佳贵、黄群慧、钟宏武、王延中：《工业化蓝皮书——中国地区工业化进程报告（1995~2005）》，社会科学文献出版社 2007 年版；

（21）钟宏武：《慈善捐赠与企业绩效》，经济管理出版社 2007 年版。

论文：

在《经济研究》、《中国工业经济》、《人民日报》等刊物上发表论文数十篇。

（二）正德至远社会责任机构

正德至远（北京）咨询有限责任公司成立于 2010 年，在中国社会科学院经济学部企业社会责任研究中心咨询部和数据中心的基础上组建而成。公司系中国社会科学院企业社会责任研究中心的战略合作机构和成果转化平台。公司成立以来，先后为《中国企业社会责任蓝皮书（2010/2011/2012/2013）》、《中国企业社会责任报告白皮书（2011/2012/2013）》、《中国企业社会责任报告编写指南（CASS-CSR 2.0/3.0）》等项目提供数据支持；双方共同为国内外数十家大型企业提供社会责任管理咨询、培训和报告服务。

公司依托中国社会科学院企业社会责任研究中心深厚的理论研究基础，结合我国企业实践经验，专注于企业社会责任管理咨询、能力培训和品牌推广，为客户提供全方位的社会责任解决方案，帮助客户成为面向未来的可持续企业。公司提供的服务主要包括：

社会责任管理咨询：帮助企业建立社会责任组织体系、制度体系、指标体系、社会责任战略规划和社会责任项目评估。

社会责任报告咨询：帮助企业建立社会责任报告编写流程、议题选择流程，并指导企业进行年度社会责任报告编制。

社会责任传播：帮助企业建立社会责任传播与沟通体系、利益相关方沟通手册，树立负责任的品牌形象。

社会责任培训：为企业提供社会责任理论和实践培训，提升管理层和员工的社会责任意识，并帮助企业掌握社会责任工作工具。

社会责任评估：依托中国社会科学院企业社会责任研究中心的数据库和知识库资源，为企业提供社会责任诊断和评估，并提供针对性解决方案。

地址：北京市朝阳区东三环中路 39 号建外 SOHO 写字楼 A 座 1710（100022）
邮箱：sunxw@cass-csr.org
电话：010-59001552

二、支持单位

松下电器（中国）有限公司

松下电器创立于 1918 年，产品遍布多个领域，是集个人消费电子、电化住宅设备、美容健康、通信科技、环境方案、汽车电子、能源设备等于一体的综合性世界著名企业。近百年的发展历史中，松下电器始终秉承着创业者松下幸之助先生"贯彻产业人的本分，谋求社会生活的改善和提高，以期为世界文化的发展做贡献"的基本经营理念，在全世界从事各种产品的生产、销售服务等事业活动。目前，松下集团在全球拥有 505 家企业，27 万余名员工。2013 年度全球营业额达 7 兆 7365 亿日元。面向未来，松下电器将凭借在家电领域培育积累的优势,借助各个领域与地域的事业合作伙伴的支持,为每一位顾客创造更美好的生活及前所未有的全新价值。

1978 年,中国国家领导人参观了松下集团日本电视机工厂。在双方会谈中,创业者松下幸之助表达了为中国做贡献的决心。随后,松下电器进入了中国事业的起始阶段,并于 1987 年设立了第一家合资工厂。如今,松下电器在华事业活动涉及研发、制造、销售、物流等多个领域。截至 2014 年 3 月 31 日,拥有在华企业 100 家,其中统括公司 1 家,制造公司 71 家,销售公司 10 家,研发公司 6 家,财务、广告等其他公司 12 家,营业额达到 9949 亿日元,员工人数 6 万余人。

松下电器(中国)有限公司(以下简称松下中国)1994 年成立于北京,2002 年实现了独资,主要负责开展家电、系统、环境、元器件、医疗设备等商品的销售和售后服务活动。作为中国地区投资性公司,松下电器(中国)有限公司还负责开展人才培养、财务、法务、环境保护、知识产权等统括和支援活动,以及开展家电和系统商品的批发和售后服务活动。2012 年 1 月,松下电器(中国)有限公司吸收合并了松下电工(中国)有限公司,经营范围进一步扩大。

面向 2018 创业 100 周年,松下电器将在"百年传承,智美未来"这一品牌标识的共同的号令下,齐心协力,日日创新,为全世界的发展和环境革新做出贡献。今后,扎根在中国大地上的松下电器,将继续脚踏实地地履行企业的社会责任(CSR),为实现和谐社会,实现可持续发展贡献力量。

主要奖项	2013 年中国企业社会责任蓝皮书外资企业排名第五
	中国社工协会"中国五星级企业公民"
	民政部"中华慈善奖"
	商务部中国国际贸易学会"诚信经营示范企业"
	中国经济 CEO 论坛"2011 中国经济——最佳推动力企业"
	中华健康快车基金会"光明贡献奖"
	《商务周刊》杂志中国 50 绿公司
	《WTO 经济导刊》金蜜蜂企业社会责任发展中心"上榜金蜜蜂企业奖"
	中国服务贸易协会、中国信息协会"中国最佳售后服务奖"
	中国企业报社"跨国公司中国贡献特别大奖"

三、参考文献

(一) 国际社会责任标准与指南

[1] 国际标准化组织 (ISO):《社会责任指南: ISO26000》, 2010 年。

[2] 全球报告倡议组织 (Global Reporting Initiative, GRI):《可持续发展报告指南 (G4)》, 2013 年。

[3] 联合国全球契约组织:《全球契约十项原则》。

[4] 国际审计与鉴证准则委员会: ISAE3000。

[5] Accountability: AA1000 原则标准 (AA1000APS)、AA1000 审验标准 (AA1000AS) 和 AA1000 利益相关方参与标准 (AA1000SES)。

[6] 国际综合报告委员会 (IIRC): 整合报告框架 (2013)。

(二) 国家法律法规及政策文件

[7]《中华人民共和国宪法》及各修正案。

[8]《中华人民共和国公司法》。

[9]《中华人民共和国劳动法》。

[10]《中华人民共和国劳动合同法》。

[11]《中华人民共和国就业促进法》。

[12]《中华人民共和国社会保险法》。

[13]《中华人民共和国工会法》。

[14]《中华人民共和国妇女权益保障法》。

[15]《中华人民共和国未成年人保护法》。

[16]《中华人民共和国残疾人保障法》。

[17]《中华人民共和国安全生产法》。

[18]《中华人民共和国职业病防治法》。

[19]《中华人民共和国劳动争议调解仲裁法》。

[20]《中华人民共和国环境保护法》。

[21]《中华人民共和国水污染防治法》。

[22]《中华人民共和国大气污染防治法》。

[23]《中华人民共和国固体废物污染环境防治法》。

[24]《中华人民共和国环境噪声污染防治法》。

[25]《中华人民共和国水土保持法》。

[26]《中华人民共和国环境影响评价法》。

[27]《中华人民共和国清洁生产促进法》。

[28]《中华人民共和国节约能源法》。

[29]《中华人民共和国可再生能源法》。

[30]《中华人民共和国循环经济促进法》。

[31]《中华人民共和国产品质量法》。

[32]《中华人民共和国消费者权益保护法》。

[33]《中华人民共和国反不正当竞争法》。

[34]《中华人民共和国科学技术进步法》。

[35]《中华人民共和国反垄断法》。

[36]《中华人民共和国专利法》。

[37]《中华人民共和国商标法》。

[38]《集体合同规定》。

[39]《禁止使用童工规定》。

[40]《未成年工特殊保护规定》。

[41]《女职工劳动保护特别规定》。

[42]《残疾人就业条例》。

[43]《关于企业实行不定时工作制和综合计算工时工作制的审批方法》。

[44]《全国年节及纪念日放假办法》。

[45]《国务院关于职工工作时间的规定》。

[46]《最低工资规定》。

[47]《生产安全事故报告和调查处理条例》。

[48]《工伤保险条例》。

[49]《再生资源回收管理办法》。

[50] 《消耗臭氧层物质管理条例》。

[51] 《废弃电器电子产品回收处理管理条例》。

[52] 《关于禁止商业贿赂行为的暂行规定》。

[53] 《中央企业履行社会责任的指导意见》。

[54] 《中央企业"十二五"和谐发展战略实施纲要》。

[55] 《上海证券交易所上市公司环境信息披露指引》。

[56] 《深圳证券交易所上市公司社会责任指引》。

[57] 《轻工业调整与振兴计划》。

[58] 《中国家用电器工业"十二五"发展规划的建议》。

[59] 《加快我国家用电器行业转型升级的指导意见》。

[60] 《中共中央关于全面深化改革若干重大问题的决定》。

[61] 《2014~2015年节能减排低碳发展行动方案》。

(三) 社会责任研究文件

[62] 中国社会科学院经济学部企业社会责任研究中心：《中国企业社会责任报告编写指南 (CASS-CSR2.0)》，2011年。

[63] 中国社会科学院经济学部企业社会责任研究中心：《中国企业社会责任报告评级标准2013》，2013年。

[64] 中国社会科学院经济学部企业社会责任研究中心：《中国企业社会责任研究报告2009/2010/2011/2012/2013》，社会科学文献出版社。

[65] 中国社会科学院经济学部企业社会责任研究中心：《中国企业社会责任报告白皮书2011/2012/2013》，经济管理出版社。

[66] 中国社会科学院经济学部企业社会责任研究中心：《企业社会责任基础教材》，经济管理出版社，2013年。

[67] 彭华岗等：《企业社会责任管理体系研究》，经济管理出版社，2011年。

[68] 国家电网公司《企业社会责任指标体系研究》课题组：《企业社会责任指标体系研究》，2009年3月。

[69] 殷格非、李伟阳：《如何编制企业社会责任报告》，2008年。

[70] 李伟阳、肖红军、邓若娟：《企业社会责任管理模型》，2012年。

[71] 全哲洙：《中国民营企业社会责任研究报告》，2014年。

(四) 企业社会责任报告

[72]《三星电子可持续发展报告 2012~2014》。

[73]《通用电气企业年度报告 2011~2013》。

[74]《西门子企业年度报告 2011~2013》。

[75]《日立可持续发展报告 2011~2013》。

[76]《索尼企业年度报告 2011~2013》。

[77]《松下电器可持续发展报告 2012~2014》。

[78]《LG 电子可持续发展报告 2011~2013》。

[79]《伊莱克斯企业年度报告 2011~2013》。

[80]《熊津豪威可持续发展报告 2011~2013》。

[81]《林内企业社会责任报告 2011~2013》。

[82]《中国松下企业社会责任报告 2013》。

[83]《中国三星社会责任报告 2013》。

[84]《LG（中国）社会责任报告 2013》。

[85]《日立集团可持续发展报告 2013》。

[86]《索尼（中国）企业社会责任报告 2013》。

[87]《青岛海尔社会责任报告 2012~2013》。

[88]《方太企业社会责任报告 2012》。

[89]《合肥荣事达三洋电器股份有限公司社会责任报告 2012~2013》。

[90]《广东美的电器股份有限公司企业社会责任报告 2011~2012》。

[91]《TCL 集团股份有限公司社会责任暨可持续发展报告 2012~2013》。

[92]《杭州老板电器股份有限公司社会责任报告 2012~2013》。

[93]《广东万和新电气股份有限公司社会责任报告 2012~2013》。

[94]《珠海格力电器股份有限公司社会责任报告 2012~2013》。

[95]《四川长虹电器股份有限公司企业社会责任报告 2012~2013》。

[96]《青岛海信电器股份有限公司社会责任报告 2012~2013》。

[97]《中国电子信息产业集团有限公司社会责任报告 2013》。

[98]《国家开发银行可持续发展报告 2012》。

[99]《中国海洋石油总公司可持续发展报告 2012》。

后　记

2009年12月，中国社会科学院经济学部企业社会责任研究中心发布了中国第一份企业社会责任报告编写指南——《中国企业社会责任报告编写指南（CASS-CSR1.0)》（简称《指南1.0》）。为了增强《指南1.0》的国际性、行业性和工具性，2010年9月，中心正式启动了《指南1.0》的修订工作，扩充行业、优化指标、更新案例。2011年3月，《中国企业社会责任报告编写指南（CASS-CSR2.0)》（简称《指南2.0》）发布。《指南2.0》获得了企业广泛的应用，参考《指南2.0》编写社会责任报告的企业数量由2011年的60家上升到2013年的195家。

为了进一步提升《指南》的国际性、实用性，引导我国企业社会责任从"报告内容"到"报告管理"转变，2012年3月31日，《指南3.0》编制启动会在北京召开，来自政府、企业、NGO、科研单位等机构的约100名代表出席了本次启动大会。为广泛征求《指南3.0》使用者意见，中心向100家企业发放了调研问卷，并实地走访、调研30余家中外企业，并启动了分行业指南编制工作。

作为第一本家电制造业企业社会责任报告编写指南，《中国企业社会责任报告编写指南之家电制造业》的编制时间为2014年7~10月。期间，编写组多次赴松下电器（中国）有限公司下属企业实地调研，征求一线生产管理人员的意见和建议。本书是集体智慧的结晶。全书由孙孝文、王爱强、张闽湘、解一路等共同撰写。松下电器（中国）有限公司公共关系部CSR高级经理王爱强、厦门建松电器有限公司人事总务环安中心经理施人恺、厦门建松电器有限公司人事部副经理刘凤荣、厦门建松电器有限公司工会主席钟桂荣、厦门建松电器有限公司制造支援部副经理陈爱琴、厦门建松电器有限公司家电调理科技事业经理高树煜、厦门建松电器有限公司总务环安部副经理陈冬庚、松下电器（中国）有限公司家电营销公司综合CS中心系长范丽艳等同志对指南提出了针对性的意见和建议；松下电器（中国）有限公司公共关系部CSR高级经理王爱强主导了第八章案例写作的工作;在资料整理过程中,孙孝文、张闽湘、解一路等同志做出了诸多贡献。全书由孙孝文审阅、修改和定稿。

《中国企业社会责任报告编写指南》系列将不断修订、完善,希望各行各业的专家学者、读者朋友不吝赐教,共同推动我国企业社会责任更好更快地发展。

中国社会科学院经济学部
企业社会责任研究中心
2014 年 10 月